CAMILLE VOLAIRE

Self-Lifting

In 10 Wochen um 10 Jahre jünger. Die wirksame
Gesichtsgymnastik für ein schönes und jugendliches Gesicht

SÜDWEST

Inhalt

Vorwort von Dr. Franck   4
Gegen Falten kann man
etwas tun   4

Was ist Self-Lifting?   6

**Was sind isometrische
Übungen?**   8

**Die Haut –
Spiegel der Seele**   10
So ist die Haut aufgebaut   10
Reperaturwerkstatt Haut   12

**Die richtige Hautpflege
für jeden Typ**   14
So testen Sie Ihren Teint   14
Trockene Haut   15
Normale Haut   16
Mischhaut   17
Fettige Haut   18
Sensible Haut   18

Die Feinde der Haut   20
Sonne – Faltenursache
Nummer eins   20
Knitterfaktor Rauchen   21
Stress lässt Sie alt aussehen   21

**Vorbereitung aus
das Self-Lifting**   22
Zum Aufwärmen   22
Was die Übungen bewirken   23

**Übungen für
die Halspartie**   24
Die Giraffe   24
Der Vogel   26
Das Nildpferd   28
Der Apfel   30
Der Löwe   32

**Übungen für
die Kinnpartie**   34
Der Fisch   34
Die Ente   36
Der Delphin   38
Das Eichhörnchen   40

**Übungen für
die Lippenpartie**   42
Der Kuss   42
Die Eidechse   44
Das »U«   46
Das »O« von Marilyn   48

Frisch gespresster Orangensaft macht müde Haut wieder munter.

Inhalt

Übungen für die Wangenpartie — 50
Das Huhn — 50
Wer schön sein will, muss lächeln können — 52
Der Hamster — 54
Das »I« — 56

Übungen für die Augenpartie — 58
Der Chinese — 58
Die Schildkröte — 60
Dornröschen — 62
Der Uhu — 64
Das Chamäleon I — 66
Das Chamäleon II — 68

Übungen für die Stirnpartie — 70
Der Stier I — 70
Der Stier II — 72

Sanfte Gesichtsmassage – eine Wohltat — 74
Die Hautfunktionen anregen — 74
Wirkungsweise der Selbstmassage — 76
Die Massage der Halspartie — 77
Die Massage vom Kinn zu den Lippen — 78
Die Massage von den Lippen zu den Brauen — 79
Die Massage der Wangen — 80
Die Massage von der Nase zu den Ohren — 81
Die Massage von der Nase zu den Schläfen — 82
Die Massage zwischen den Augenbrauen — 83
Die Masssage der Stirn I — 84
Die Masssage der Stirn I — 85

Schönheit von innen – die richtige Ernährung — 86
Vitamine – die Hautfitmacher — 86
Unentbehrlich – Mineralstoffe — 88
Die wichtigsten Spurenelemente — 89

Dreißig Jahre später — 90
Es ist nie zu früh und nie zu spät — 90

Die besten Tipps zur Entspannung — 92
Öfter mal abschalten — 92

In 10 Wochen schöner werden — 94
Checkliste — 94

Über dieses Buch — 95
Register — 96

Milchprodukte eignen sich für die äußerliche und innerliche Pflege.

Vorwort von Dr. Franck

Gegen Falten kann man etwas tun

Wer war nicht wenigstens einmal in seinem Leben versucht, der Zeit in ihrem Lauf Einhalt zu gebieten – vielleicht besonders dann, als die ersten äußeren Anzeichen der »Weisheit des Alters« sich zeigten. Dagegen gab es nicht viele Alternativen, die chirurgische Gesichtsoperation, auch Lifting genannt, oder die Injektion von Kollagenprodukten unter die Haut. Da kann nur die Technik des Self-Lifting, wie von der Autorin Camille Volaire beschrieben, einen Sportmediziner wie mich überzeugen. In der Tat scheint mir die vorgeschlagene Methode im wahrsten Sinn des Wortes ideal und natürlich im ökologischen Sinn zu sein, damit die Muskulatur des Gesichts und des Halses ihre Spannkraft bewahrt.

Falten sind Ausdruck gelebten Lebens und geben dem Gesicht seinen individuellen Ausdruck. Sie können aber auch Zeichen von Kummer, Stress und ungesundem Lebensstil sein und jemanden vor der Zeit alt wirken lassen. Das können Sie mit etwas Disziplin aktiv verhindern.

Die Muskeln in Spannung halten

Tatsächlich hält sich der Sportler dank der regelmäßigen Wiederholungen seines Trainings nicht nur geistig jung – im Gegensatz zu seinen untätigen Zeitgenossen –, sondern er erhält auch die Spannkraft der Muskeln seines Körpers. Warum sollte dies nicht auch für die Muskeln des Gesichts gelten? Sagt man nicht, dass sich die Vergangenheit eines Menschen an den Falten seines Gesichts ablesen lässt? Da die Epidermis, die Dermis und die Muskeln des Gesichts eng miteinander verbunden sind, führt ein Bewegungsmangel dieser Muskeln zu einer fortschreitenden Hypotrophie, einer Muskelschwäche, und zu einer weniger wirksamen Durchblutung. Damit einher geht auch eine Verschlechterung der Spannkraft der anderen Komponenten der Haut. Als Zeugen des Alters verändern sich die Wangen zu Hängebacken, und die Haut wird schlaff und faltig.

Jugendliche Ausstrahlung bewahren

Fangen Sie gleich heute an!

Warten Sie also nicht den letzten Moment ab. Auch wenn Ihr Gesicht noch seine volle Ausstrahlung besitzt, beginnen Sie jetzt mit den Self-Lifting-Übungen, um den Alterungsprozess aufzuhalten. Doch auch wenn Sie bereits die Wirkung der Jahre sehen, ist noch nichts verloren, wenn Sie den Zug in Bewegung setzen wollen.

Aber was für eine Freude und was für ein Stolz, wenn Sie nach einiger Zeit die ersten Resultate feststellen, die in den meisten Fällen nur von Ihnen abhängen werden. Was für ein angenehmes Gefühl des Sieges über sich selbst! Ist dies nicht auch Ihr angestrebtes Ziel?

So wie jeden Sportler möchte ich Sie unbedingt zum Versuch und zur Ausdauer ermutigen. Die Technik des Self-Lifting wird Ihnen die Wirksamkeit beweisen und Sie in Ihrer getroffenen Wahl bestätigen. Ist es nicht besser, doppelt stolz auf sich zu sein, als sich den Spritzen und dem Skalpell auszuliefern?

Dr. Henry Franck
Sportmediziner

Schönheitschirurgen haben in unserer Zeit der Jugendverehrung regen Zulauf. Dabei ist Self-Lifting eine billigere und weniger riskante Methode, die Haut straff und jugendlich zu erhalten. Sie brauchen nur etwas Ausdauer!

Mit dem vorliegenden Buch wünsche ich Ihnen viel Spaß und frohes Trainieren.

Was ist Self-Lifting?

Ein frisch und jugendlich wirkendes Gesicht ist nicht nur eine Frage der Eitelkeit. Unbewusst bilden wir alle uns eine Meinung über eine Person nach dem ersten äußerlichen Eindruck. Und attraktive Menschen kommen dabei einfach besser weg!

Es kostet Sie täglich Überwindung, sich im Spiegel zu betrachten? Ihre Falten werden von Tag zu Tag ausgeprägter, und auch die Tränensäcke unter den Augen sind nicht mehr zu leugnen? Ihre Wangen sind auch weniger straff als früher? Kurzum, Sie sind sichtlich älter geworden. Klar, dass Sie dieser Situation entrinnen möchten. Aber wie?

Self-Lifting – die einfache Methode

Sie werden die Lust wieder entdecken, sich wie früher im Spiegel zu betrachten. Sie werden aufs Neue die Konturen Ihres Gesichts bewundern, das wieder frisch und jung wirkt. Sicherlich fällt es Ihnen schwer, all das zu glauben, doch ich war genau in der gleichen Situation wie Sie: Nach einer schweren Grippe wagte ich es nicht mehr, in den Spiegel zu gucken. Die Tränensäcke unter den Augen waren dick angeschwollen, meine Wangen waren eingefallen, meine Haut war welk, und Falten zeigten sich überall. Ich habe alles versucht, jedoch ohne Erfolg. Wie sicher viele Frauen in meinem Alter dachte ich auch über ein Gesichtslifting nach. Doch die Angst davor überwog. Ich war deprimiert.

Oft stellt man nach einer längeren Krankheit oder nach einem Schicksalsschlag beim Blick in den Spiegel fest, dass man müde und welk aussieht und die Konturen des Gesichts ihre Festigkeit verloren haben. Kein Grund zur Resignation – unsere Haut ist viel regenerationsfähiger, als man glaubt.

Dann erlitt meine Schwiegermutter eine Gesichtslähmung. Ich besuchte sie, um ihr bei der Hausarbeit zu helfen. Der Arzt hatte ihr besondere Gesichtsübungen verordnet, in denen sie von einer Krankengymnastin unterrichtet wurde. Um sie zum täglichen Üben zu ermutigen, machte ich die einzelnen Bewegungen gemeinsam mit ihr. Zehn Tage haben wir zusammen trainiert. Nach diesem Aufenthalt hatte ich den Eindruck, dass mein Gesicht lebendiger und weniger abgespannt wirkte. Ich setzte die Übungen für das Gesicht fort, weil sie mir so wichtig erschienen wie die tägliche Körperpflege. Jeden Tag fand ich eine neue Übung, die ich sofort in mein tägliches Programm aufnahm.

Schnell zu sichtbarem Erfolg

Das Geheimnis des Orients

Weil alle die Cremes, die ich bisher benutzte, keine zufriedenstellenden Ergebnisse gebracht hatten, erinnerte ich mich an einen Rat, den man mir als junges Mädchen einmal gegeben hatte. Wie hatte ich das Märchen vergessen können, das ich so sehr mochte, und die Frau, die denselben Namen trug wie die Schöne aus Tausendundeiner Nacht? Scheherazade. Sie hatte mir ihr Schönheitsgeheimnis anvertraut, das ich das Geheimnis des Orients nennen möchte. Das ließ mir keine Ruhe mehr. Ich überlegte mir, ob ich nicht selbst meine Cremes nach dem Geheimnis des Orients herstellen sollte? Ich hatte keine Zeit mehr zu verlieren und war fest entschlossen, meine Zukunft selbst in die Hand zu nehmen. Ich wollte alles für ein besseres Aussehen tun. Also begann ich meine eigenen Kosmetika zu entwickeln – mit all den Ingredienzen dieses orientalischen Geheimrezepts. Unmittelbar nach der Anwendung dieser Cremes verjüngte sich meine Haut, erschien frischer und strahlender. Ich war also auf dem richtigen Weg.

Wahre Schönheit kommt von innen

Während meiner Arbeit für das deutsche Fernsehen recherchierte ich über die Experimente des amerikanischen Professors und Vitaminpapstes Dr. Linus Pauling. Nach meinen Studien wurde mir immer klarer, dass Schönheit auch von innen kommt.
Die Epidermis wird über das Blut mit wichtigen Nährstoffen versorgt. Ich nahm nun jeden Morgen ein Frühstück zu mir, das alle wesentlichen Elemente zu einer guten Versorgung der Haut wie in meinen Schönheitskapseln enthielt. Nach einigen Wochen war ich wie umgewandelt. Einige Nachbarn sahen mich verblüfft an: »Sie haben sicher eine Spezialbehandlung in einem Schönheitsinstitut hinter sich?« – »Wie schön und straff Ihre Haut ist, wie machen Sie das eigentlich?« Allein diese Fragen, die bewundernden Blicke machten mich glücklich und haben mich ermutigt, weiterzumachen. Seitdem gibt es keinen Tag, an dem man mir nicht ein Kompliment macht.

Meine lieben Leserinnen, ich sage Ihnen voraus, dass sich bewundernde Blicke auf Sie richten werden. Sie sind vielleicht jetzt noch skeptisch? Aber Sie werden sehen, wie Sie von Tag zu Tag schöner werden. Self-Lifting ist das natürliche System, um jünger und schöner zu werden. Das Wichtigste am Self-Lifting ist die Ausdauer. Ganz sicher werden die Ergebnisse spektakulär sein und Sie optisch um zehn Jahre verjüngen in zehn Wochen Training, das kann ich Ihnen versichern, wenn Sie sich ganz an die Empfehlungen dieses Buchs halten.

Was sind isometrische Übungen?

Die Methode des Self-Lifting beruht auf dem Prinzip der isometrischen Übungen. Es fällt besonders leicht, den Zusammenhang zu verstehen, wenn man die isometrischen den isotonischen Übungen gegenüberstellt. Beide Übungen wirken auf die Muskeln. Bei den isotonischen Übungen (griechisch: iso = gleich) drückt der Name bereits aus, dass der Muskeltonus, d. h. der Kontraktionszustand oder die Muskelanspannung, sich praktisch kaum verändert. Folglich handelt es sich bei diesen Übungen um rhythmisch wiederholte Bewegungsabläufe, die das gesamte Spektrum der Bewegung des Muskels berücksichtigen. Isotonische Übungen fördern die Beweglichkeit, erhöhen aber nicht in dem Maß die Muskelkraft, wie es bei isometrischen Übungen der Fall ist.

Der Trainingseffekt von isometrischen Übungen wurde bei einem Tierversuch entdeckt: Ein Frosch, dem eines seiner Sprungbeine fixiert worden war, entwickelte verblüffenderweise an diesem Bein mehr Muskelmasse als an dem frei beweglichen.

Mehr Volumen unter der Haut

Unser Interesse gilt in diesem Buch aber ganz besonders den isometrischen Übungen, weil sie nicht nur die Muskelkraft, sondern auch das Muskelvolumen erhöhen. Wie funktioniert das? Es wird bei diesen Übungen der Muskel kontrahiert, d. h. angespannt, doch die Länge des Muskels bleibt während der Kontraktion fast die gleiche wie im Zustand der Entspannung. In der Anspannung bleiben die Muskelenden also an der gleichen Position. Der Muskel dazwischen erfährt die höchste Kontraktion. Sie kennen diese Wirkung, wenn Sie gegen einen Widerstand drücken oder ziehen, indem Sie z. B. so fest wie möglich gegen eine solide Wand drücken. Sie können selbst leicht feststellen, wie Sie die Muskeln dabei anspannen, ohne ihre Längenausdehnung wesentlich zu ändern.

Fitness für die Gesichtsmuskeln

Sie werden in diesem Buch lernen, wie man auch die Gesichtsmuskeln maximal anspannen und die Kontraktion halten kann, wobei die Länge der Muskeln (isometrisch) praktisch gleichbleibt. Den Gesichtsmuskeln wird im Allgemeinen viel zu wenig Aufmerksamkeit geschenkt, obwohl sie doch unserem Willen unterliegen. Wir können diese Muskeln ebenso trainieren wie die übrigen Muskeln unseres Körpers. Lassen Sie also die Gesichtsmuskeln nicht erschlaffen, denn sie sind das Fundament für Ihr künftiges, jugendlich strahlendes Aussehen.

Spannkraft oder Tonus der Gesichtsmuskeln entscheiden aber nicht nur über attraktives Aussehen, sondern sorgen auch für die gute Funktion von Augen, Ohren, Nase und Mund. Kauen, Sprechen, Singen und selbst Atmen verbessern sich mit den isometrischen Übungen für das Gesicht. Lassen Sie es nicht zu, dass sich Ihre Gesichtsmuskeln wegen mangelnder Übung zurückbilden. Nach neuesten sportwissenschaftlichen Untersuchungen können Sie das einmal mit diesem Übungsprogramm erreichte Muskelvolumen und den Tonus später mit ganz wenig Zeitaufwand auf dem gleichen Stand halten.

Entscheidend für den Erfolg der Übungen ist die Regelmäßigkeit, mit der Sie trainieren. Wer sich täglich nur fünf Minuten Zeit dafür nimmt, wird einen sichtbaren Effekt erzielen, als jemand, der gelegentlich das ganze Programm durchexerziert.

Einfach und ohne Gesundheitsrisiko

Zu den größten Vorteilen der isometrischen Übungen gehört, dass sie den Kreislauf sehr wenig beanspruchen. Diese Übungen können generell ohne Gefahr für den Gesundheitszustand durchgeführt werden. Die in diesem Buch beschriebenen isometrischen Übungen sind insbesondere deswegen leicht durchzuführen, weil Sie dazu keine Geräte außer einem Spiegel benötigen, und weil Sie die Übungen ohne fremde Hilfe durchführen können. Haben Sie trotzdem Zweifel, dann sollten Sie vorher Ihren Arzt fragen. Zusätzlich unterstützen Sie die Wirkung des Self-Lifting, wenn Sie möglichst viele Extras für die innere und äußere Hautpflege in Ihren Alltag einbauen. Ratschläge zur hautfreundlichen Ernährung und typgerechten Kosmetik sollen Ihnen dabei helfen.

Die Haut –
Spiegel der Seele

Bevor Sie mit den Self-Lifting-Übungen beginnen, einige Informationen über die Haut. Sie ist mit einer Fläche von zwei Quadratmeter und einem Gewicht von rund zwei Kilogramm unser größtes Organ. Und ein hoch sensibles dazu. Streicheleinheiten und richtige Pflege tun ihr gut, aggressive Umwelteinflüsse, zu wenig Schlaf und Stress machen ihr das Leben schwer. Außerdem ist sie ein Spiegel der Seele. Unsicherheit lässt uns schwitzen, aus Scham erröten wir, Angst lässt uns blass werden. Manche Menschen reagieren auf bestimmte Stresssituationen sogar mit Hautausschlägen. Verblüffend: Auf einem Quadratzentimeter Haut sitzen bis zu 200 Schmerz-, 20 Druck-, 12 Kälte- und 2 Wärmerezeptoren. Außerdem bis zu 200 Schweiß- und 15 Talgdrüsen.

Kein anderes Organ signalisiert so deutlich wie die Haut den Gesundheitszustand und die seelische Verfassung des Menschen. Und auch umgekehrt gilt, dass eine gut gepflegte und funktionstüchtige Haut sehr entscheidend zu unserem Wohlbefinden beiträgt.

So ist die Haut aufgebaut

Die Haut bildet praktisch unsere Grenze zur Außenwelt. Sie ist ein Organ des Tast-, Wärme- und Schmerzsinns. Sie bietet Schutz vor mechanischen Einflüssen, regelt die Körpertemperatur, verhindert ein Austrocknen des Körpers und schützt vor Krankheitserregern von außen. Damit sind die Aufgaben dieses Multitalents aber noch keineswegs erschöpft: Unsere Haut wehrt schädliche Strahlung ab, speichert Nährstoffe und Wasser und übernimmt den Abtransport von Abbauprodukten des Stoffwechsels aus dem Körper über die Schweißproduktion. Außerdem ist sie ein wichtiger Anzeiger unseres Gesundheitszustands. Die meisten Krankheiten und auch kleinere Beschwerden haben Einfluss auf ihr Aussehen. Unsere Haut besteht von Kopf bis Fuß aus drei unterschiedlich aufgebauten Schichten.

Mehr als eine Hülle

Unterhaut (Subkutis)

Die unterste Hautschicht besteht aus Bindegewebe mit riesigen Mengen an Fettzellen. Dadurch hat sie eine isolierende Wirkung und schützt den Körper vor Wärmeverlust, aber auch vor mechanischen Reizen von außen (Schläge, Stöße). Außerdem speichert sie Nährstoffe und Wasser. Ihre Dicke variiert – so ist die Unterhaut am Hals und um die Augen herum extrem dünn. Diese wenig gepolsterten Bereiche bekommen daher besonders leicht Falten.

Lederhaut (Dermis, Corium)

Sie schließt an die Unterhaut an und besteht vorwiegend aus faserigem Bindegewebe, das Nährstoffe speichert und weitergibt, außerdem Abfallprodukte aus dem Stoffwechsel aufnimmt. Für die Dehnbarkeit der Haut sorgen kollagene und elastische Fasern, die aufquellen und Wasser speichern können. Die Lederhaut verleiht der Haut Festigkeit und Straffheit. Eingebettet in diese Hautschicht sind außerdem Blut- und Lymphgefäße, Nerven, Haarwurzeln, Drüsen und Reizempfänger für Wärme, Kälte und Druck.

Oberhaut (Epidermis)

Sie ist durch zapfenähnliche Gebilde fest mit der Lederhaut verbunden. In der tiefsten Schicht der Oberhaut, der Basalzellschicht, werden ständig neue Zellen produziert, die langsam innerhalb eines Monats zur Hautoberfläche wandern, dort verhornen und schließlich abgestoßen werden. Rund zwei Milliarden tote Hornzellen verliert man etwa pro Tag. Auf der Basalschicht sitzen außerdem die Pigmentzellen (Melanozyten), die Melanin als Schutz gegen UV-Strahlen produzieren. Äußerlich anzuwendende kosmetische Produkte wirken fast ausschließlich auf die Epidermis ein. Für die Gesundheit und damit für das gute Aussehen der Oberhaut sind aber die Funktionen der tieferen Schichten viel entscheidender.

Die reichliche Versorgung der Lederhaut mit Nährstoffen von innen ist die Hauptvoraussetzung für einen schönen rosigen Teint, denn die Lederhaut bestimmt mit ihren Strukturen das Erneuerungstempo der Hautzellen, den Durchblutungszustand und den raschen Abtransport von Schlacken.

Was im Lauf der Zeit passiert

Im Leben macht die Haut eine Vielzahl von Veränderungen durch. Gewisse Dinge sind unabwendbar, denn sie sind bereits von Geburt an durch die Gene programmiert. Die legen etwa fest, ob jemand eine fettige oder eine trockene Haut hat und bestimmen auch die Festigkeit des Bindegewebes.

Die schönste und prallste Haut haben zweifellos Babys. Kein Wunder, ihre Zellen teilen sich noch am schnellsten, die Haut ist optimal durchblutet. Spätestens ab 25 altert die Haut. Erste Fältchen zeigen sich meist schon weit vor dem 30. Geburtstag um die Augen herum, später werden sie tiefer, und neue gesellen sich dazu. Um die 40 herum verringert sich die Zellteilung dann rapide. Die Haut ist schlechter durchblutet, sieht deswegen oft fahl und müde aus. Das Unterhautfettgewebe nimmt ab und kann weniger Feuchtigkeit speichern. Folge: Die Haut wird trockener, ist weniger straff. Nächstes Minus in Sachen Schönheit sind die Wechseljahre. Die Östrogenproduktion der Eierstöcke wird extrem gedrosselt. Gerade diese Hormone sind aber für die Feuchtigkeitsspeicherung und Durchblutung der Haut zuständig.

Wer seine Haut allzu sehr schont, tut ihr auch nichts Gutes. Sie ist von der Natur darauf eingerichtet, uns vor Wind und Wetter zu schützen und braucht wechselnde Temperaturreize und frische Luft, um funktionstüchtig zu bleiben.

Reparaturwerkstatt Haut

Tagsüber muß die Haut eine Menge einstecken. Sonne, Abgase, Wind, ungewohnte Pflegeprodukte wirken auf sie ein. Nachts, wenn wir schlummern, setzt ein sensationelles Repairprogramm ein. Die Haut arbeitet auf Hochtouren, um die Schäden des Tags auszubügeln.

Gegen Mitternacht ist die Haut am aktivsten. In dieser Zeit ist der Beruhigungsnerv Parasympathikus am fittesten, er schraubt den Stoffwechsel auf ein Minimum zurück. Die Haut wird in diesen Stunden besonders gut mit dem Hormon Prolaktin versorgt. Die Zellen teilen sich dadurch achtmal so häufig wie etwa mittags um zwölf. Zwischen elf Uhr abends und drei Uhr morgens ist also die beste Zeit für den Schönheitsschlaf.

Schutzstoffe gegen die Zellkiller

Angriff der freien Radikale

Gegen vier Uhr morgens wird's ungemütlich in der Haut. Dann nämlich bilden sich dort so genannte freie Radikale. Das sind aggressive, instabile Sauerstoffmoleküle, die zu frühzeitiger Hautalterung führen können. Diese Moleküle kommen ganz natürlich in unserem Organismus vor, treten aber durch Umwelteinflüsse vermehrt auf. Durch biochemische Reaktionen schädigen sie die Zellwände oder sogar den Zellkern. Er enthält die genetischen Informationen der Zelle, ihren Bauplan. So können freie Radikale vermutlich sogar Mutationen auslösen und Krebserkrankungen hervorrufen.

Doch dagegen hat die Haut ihre eigenen Waffen. Sie produziert Gluthation, ein Enzym, das die freien Radikale unschädlich macht. Unterstützen kann man das noch mit Nachtcremes, die die Vitamine A, C oder E enthalten. Diese so genannten Antioxidanzien schützen ebenfalls vor freien Radikale. Gegen fünf Uhr morgens produziert die Nebennierenrinde besonders viel von dem Hormon Kortisol. Es sorgt für ein strahlendes, rosiges Aussehen der Haut am Morgen.

Den freien Radikale kann man nicht vollständig entgehen, aber man kann ihre hautschädigende Wirkung durch Antioxidanzien mildern. Neben der äußerlichen Anwendung der Radikalefänger in Cremes hilft auch die ausreichende Zufuhr der Vitamine A, C und E durch eine vollwertige Ernährung.

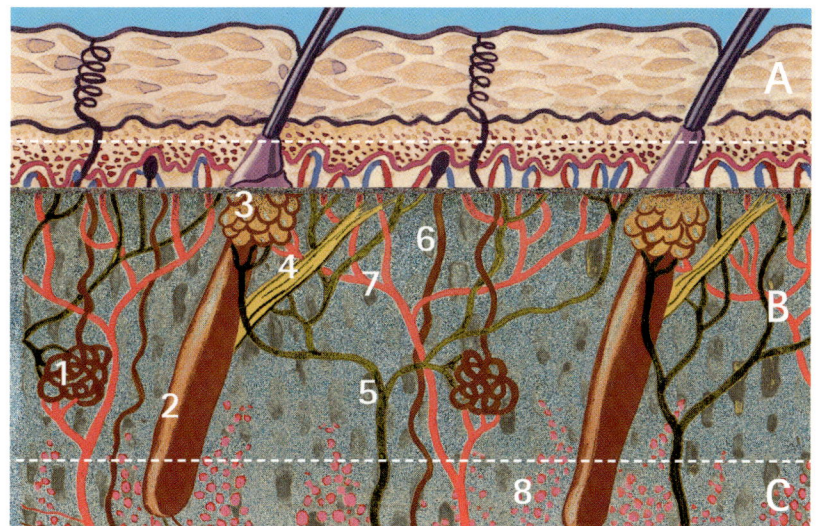

Grafische Darstellung des Hautaufbaus: A Oberhaut (Epidermis) mit Hornschicht und Keimschicht; B Lederhaut; C Unterhaut. 1 Schweißdrüse mit Ausführungsgang; 2 Haarbalg mit Haarschaft; 3 Talgdrüse; 4 Haarmuskel; 5 Arterie; 6 Nerv mit Tastkörperchen; 7 Vene; 8 Fettgewebe

Die richtige Hautpflege für jeden Typ

Sollten Sie Fragen zu Pflegemittelprodukten haben, so biete ich Ihnen gerne meine Hilfe an. Meine Adresse finden Sie auf Seite 95.

Sicher, die Haut kann viele Sünden selbst reparieren. Aber Sie sollten sie dabei unterstützen. Neben einer gesunden Ernährung (siehe Seite 86ff.), ausreichend Erntspannung und Erholung helfen natürlich auch Pflegemittel. Aus dem Überangebot an Cremes, Reinigungsprodukten und Gesichtswässern, die auf dem Mark erhältlich sind, für sich die richtigen Produkte zu finden, ist gewiss nicht einfach. Ganz wichtig vor dem Kauf: den eigenen Hauttyp zu kennen.

So testen Sie Ihren Teint

Waschen Sie sich abends mit Ihrem gewohnten Reinigungsprodukt. Verzichten Sie aber ausnahmsweise mal auf Ihre Pflegecreme. Am nächsten Morgen drücken Sie gleich nach dem Aufstehen ein Blatt dünnes Seidenpapier auf die Haut.

Die so genannte normale Haut ist leider eine Rarität und meist nur bei ganz jungen Menschen zu finden. Jenseits der 25 tendiert fast jede Haut zur Trockenheit, sogar die zuvor fettige. Viel Fett und Feuchtigkeit können ausgleichend wirken.

- Auf dem Papier ist nichts zu sehen? Dann haben Sie eine trockene Haut.
- Es zeigen sich ganz wenige ölige Stellen auf dem Papier? Dann haben Sie eine normale Haut.
- Es zeigen sich deutliche Fettspuren im Bereich von Stirn, Nase und Kinn? Im Bereich der Wangen ist nichts auf dem Papier zu sehen? Dann haben Sie eine Mischhaut.
- Auf dem ganzen Papier sind ausgeprägte ölige Flecken zu sehen? Dann haben Sie eine fettige Haut.

Übrigens: Empfindlich oder sensibel kann jeder Hauttyp sein, auch der sehr fettige.

Fett und Feuchtigkeit fehlen

Trockene Haut

Kennen Sie das auch? Kaum hat man die Creme aufgetragen, spannt das Gesicht schon wieder. Pflegeprodukte saugt die Haut auf wie ein Schwamm, bekommt scheinbar nie genug Pflege. Fettglanz und Pickel? Fehlanzeige. Meist ist trockene Haut schön feinporig, matt und zart. Einziges Manko: frühe Knitterfältchen. Mit der richtigen Feuchtigkeitspflege kann man jedoch etwas dagegen tun.

Sorgen Sie für ausreichende Luftfeuchtigkeit in Ihrer Wohnung oder im Büro, um die Haut nicht noch mehr auszutrocknen. Stellen Sie durstige Zimmerpflanzen auf, und lüften Sie mehrmals täglich gründlich durch. Eventuell lohnt sich auch die Anschaffung eines Luftbefeuchters.

Reinigung

Auch wenn es seltsam klingt: Zu viel Wasser trocknet die Haut noch weiter aus. Deshalb bei diesem Hauttyp möglichst keine schäumenden Reinigungsprodukte verwenden, die mit viel Wasser abgespült werden müssen. Besser sind Reinigungsmilch oder -creme, die mit Wattepads oder Kosmetiktüchern abgenommen werden. Weiterer Vorteil: Sie entfernen auch stärkeres Make-up problemlos. Sehr empfehlenswert ist auch ein Reinigungsöl, das sanft einmassiert wird. Zum Entfernen tauchen Sie ein Gästehandtuch in warmes Wasser, legen es für 15 Sekunden auf das Gesicht und nehmen das Öl damit ab. Verwenden Sie aber kein mineralisches Öl (wie z. B. Babyöl) – es zieht nicht ein und verstopft die Poren. Besser geeignet sind kaltgepresste Pflanzenöle wie Avocado-, Mandel- oder Weizenkeimöl. Gesichtswasser für trockene Haut sollte immer alkoholfrei sein.

Creme

Je trockener die Haut, umso reichhaltiger sollte die Creme an Fett und Feuchtigkeit sein. Besonderen Schutz braucht die Haut bei rauem und windigem Wetter. Wenn Sie viel am Computer oder in Räumen mit Klimaanlagen arbeiten, sollten Sie auch tagsüber eine Augencreme benutzen. Ebenfalls wichtig, um der UV-bedingten Hautalterung vorzubeugen: Vitamin E und ein integrierter Lichtschutzfilter in der Tagescreme.

Hautpflegemittel wie Hydro-Aktiv-Creme, Reinigungsmittel, Weizenkeim- oder Hautfunktionsöl oder Augen-Kontur-Creme können Sie bei mir erhalten. Sehen Sie dazu den Bezugsquellennachweis auf Seite 95.

Normale Haut

Glückwunsch, wenn Sie zu den Frauen mit normaler Haut gehören. Ihre Haut ist glatt und ebenmäßig, geschmeidig und meist gut durchblutet. Die Poren sind fein, Pickelchen zeigen sich nur selten. Auf äußere Einflüsse wie Sonne, Kälte oder Wind reagiert die Haut nicht übermäßig. Dennoch sollte regelmäßige Pflege bei Ihnen das A und O sein, damit die Haut so schön und problemlos bleibt.

Reinigung

Bei normaler Haut dürfen Sie zum Reinigen nehmen, was Ihnen am meisten behagt. Wer gern im Wasser planscht, ist mit einem Waschgel gut bedient. Es wird auf der feuchten Haut aufgeschäumt und mit viel Wasser abgewaschen. Wer lieber ohne Wasser reinigt, sollte zu meiner Reinigungsmilch greifen. Sie wird aufs trockene Gesicht aufgetragen, sanft einmassiert und mit einem Kosmetiktuch abgewischt. Zur Nachreinigung geben Sie eine erfrischende, möglichst alkoholfreie Lotion auf ein Wattepad und tupfen die Haut damit ab. Gut geeignet sind Rosen-, Hamamelis- oder Orangenblütenwasser, die man in der Apotheke bekommt. Wichtig, damit normale Haut schön klar bleibt: ein mildes Peeling pro Woche.

Creme

Bei normaler Haut muss man ausprobieren, wie viel Fett und Feuchtigkeit sie benötigt. Glänzt die Haut noch eine halbe Stunde nach dem Cremen, braucht wie eine weniger reichhaltige Creme. Spannt sie leicht und fühlt sich trotz Creme zu trocken an, braucht sie eher Fett als Feuchtigkeit. Wichtig für normale Haut: feuchtigkeitsbindende Stoffe wie Hyaluronsäure und Kollagen (wie in meiner Hydro-Aktiv-Creme). Gut tut Ihrer Haut eine wöchentliche Maske. Sie können dafür ein Fertigprodukt mit den Vitaminen A und E verwenden oder auch eine selbst gerührte Mischung aus Quark, Öl oder Eigelb und Honig.

Auch die ausgeglichenste Haut kann durch ein Arsenal von wechselnden Pflegemitteln mit unzähligen verschiedenen Wirkstoffen gereizt und empfindlich werden. Günstiger ist die Beschränkung auf wenige Präparate mit nicht zu vielen Inhaltsstoffen. So lassen sich auch Unverträglichkeiten leichter feststellen.

Ausgleichende Pflege tut Not

Mischhaut

Mittelgroße Poren, ständiger Glanz auf der T-Zone, also auf Stirn, Nase und Kinn – so sieht die Mischhaut aus. Mischhaut ist in der T-Zone meist recht elastisch und dick, auf der Wangenpartie kann sie allerdings recht sensibel reagieren. Vorteil: Sie neigt weniger zu Fältchen als andere Hauttypen. Bei der Pflege sollte man alles bevorzugen, was zwar leicht austrocknet und mattiert, aber dennoch genügend Feuchtigkeit zuführt.

Reinigung

Mischhaut ist gar nicht so einfach zu pflegen. Nimmt man zu stark austrocknende Waschlotionen für fettige Haut, reagiert die Wangenpartie leicht mit trockenen Stellen oder Rötungen. Besser sind seifenfreie, synthetische Lotionen oder Waschstücke, die dem pH-Wert der Haut angepasst sind. In jedem Fall geeignet ist meine milde Reinigungsmilch, die Make-up-Rückstände und überschüssigen Hauttalg gründlich entfernt, ohne die empfindlichere Wangenpartie zu sehr auszutrocknen. Das Gesichtswasser darf leicht alkoholhaltig sein, dann aber bitte nur in der T-Zone auftragen.

Creme

Es gibt heute »mitdenkende« Cremes, die speziell auf die Bedürfnisse der Mischhaut abgestimmt sind. Sie versorgen die T-Zone mit Feuchtigkeit und mattieren leicht, geben aber auch der Wangenpartie noch die Pflege, die sie braucht. Wenn mal ein Pickel auftaucht: Es gibt spezielle Gele oder Cremes, die lokal auf die Unreinheiten aufgetragen werden und diese austrocknen. Bei sehr ausgeprägter Mischhaut, also fettiger und unreiner Haut in der T-Zone und ersten Knitterfältchen der trockenen Wangen- und Augenumgebung, sollten Sie ab und zu als Extra zwei auf diese Probleme abgestimmte Maskenpräparate auf die entsprechenden Partien auflegen.

Syndets, die modernen seifenfreien Waschstücke, schonen zwar den Säureschutzmantel der Haut, wirken aber leicht austrocknend. Deshalb sollte man sie im Gesicht nur sparsam einsetzen, morgens reicht für die meisten Hauttypen eine gründliche Erfrischung mit klarem lauwarmem Wasser.

Fettige Haut

Große Poren, immer glänzend, schlecht durchblutet und ziemlich regelmäßig ein Pickel – so sieht die fettige Haut aus. Zwar nimmt der Fettgehalt der Haut ab, wenn man älter wird, die Neigung zu Unreinheiten bleibt aber meist das ganze Leben bestehen. Allerdings hat dieser Hauttyp ein echtes Plus: Er bekommt später als alle anderen Falten. Die Pflege sollte mild, aber gründlich sein.

Reinigung

Allzu stark austrocknende Mittel nimmt auch die fettige Haut übel und reagiert mit Unreinheiten und verstärkter Talgproduktion. Auch abdeckende Mittel wie ein kompaktes Make-up oder dicke Puderschichten verschlimmern leicht das Problem.

Gut für fettige Haut sind Waschgele und meine Reinigungsmilch, die mit viel Wasser abgewaschen werden. Sie trocknen die Haut leicht aus und hinterlassen ein frisches, gepflegtes Gefühl. Hinterher unbedingt ein alkoholhaltiges Gesichtswasser benutzen. Es desinfiziert und klärt die Haut, manchmal stecken auch beruhigende, antibakterielle oder adstringierende (porenverengende) Substanzen drin.

Creme

Auch wenn die Haut genug Fett produziert, braucht sie eine gute Pflegecreme mit viel Feuchtigkeit. Es gibt ultraleichte Cremes mit niedrigem Fettanteil oder auch gänzlich ölfreie Lotionen. Versuchen Sie es mal mit einer Fruchtsäurecreme. Sie unterzieht die Haut einem leichten Dauerpeeling, macht sie feiner aber leider auch lichtempfindlicher.

Sensible Haut

Empfindliche Haut reagiert auf alles extrem: Wind, Kälte, Hitze, Alkohol. Aufregung und Stress sieht man ihr sofort an. Pickelchen, Rötungen, raue Stellen sind die blitzschnelle Antwort auf Umweltreize. Und: Sie ist meist trocken, feinporig, dünn, blass und neigt zu roten Äderchen. Die Pflege sollte daher besonders sanft und beruhigend sein.

Zucker gegen Reizungen

Reinigung

Zur Hautreinigung am besten ein nicht schäumendes Reinigungsprodukt nehmen. Es ist meist auf Emulsionsbasis hergestellt und enthält keine oder nur sehr milde, waschaktive Substanzen. Daher ist es sanfter als etwa schäumende Waschgele. Außerdem entfernt es nicht so viele der hauteigenen schützenden Fette von der Haut. Gesichtswässer sollten alkoholfrei sein und beruhigende Substanzen enthalten.

Creme

Auch wenn es seltsam klingt: Sensible Haut lässt sich mit Zucker beruhigen. Genauer gesagt mit Zuckerextrakten aus Algen, Korallen und Plankton, die in speziellen Cremes für sensible Haut zu finden sind. Sie legen sich wie ein Schutzschild auf die Haut und schirmen sie gegen reizende Einflüsse regelrecht ab. Wichtig: Ihre Creme sollte keine Farb- und Duftstoffe und möglichst wenig Emulgatoren und Konservierungsstoffe enthalten – wie bei meinen Cremes.

»Weniger ist mehr«, heißt die Devise bei empfindlicher Haut. Wenige einfache Pflegemittel, Schutz vor Wind, Kälte und Sonne sowie eine gesunde Ernährung mit wenig Reizstoffen wie Kaffee, Alkohol oder Nikotin bekommen ihr am besten.

Frisch gepresster Saft von Orangen wirkt auf müde Haut erfrischend.

Die Feinde der Haut

Die größten Widersacher der Haut sind winzig klein und trotzdem sehr aggressiv und zerstörerisch – freie Radikale. Dahinter verbergen sich instabile Sauerstoffmoleküle, denen ein Teilchen in ihrer Struktur fehlt. Deshalb attackieren sie die gesunden Hautzellen, entreißen ihnen eben dieses fehlende Teilchen und zerstören sie auf diese Weise. Freie Radikale entstehen im Körper durch UV-Strahlung, Rauchen, Auto- und Industrieabgase sowie durch Stress.

Sonne – Faltenursache Nummer eins

In südlichen Ländern weiß man es seit je: Ein Übermaß an Sonne macht nicht schön und begehrenswert, sondern schwächt die Abwehr und lässt alt aussehen. Mit schützender Kleidung und der Siesta im Schatten verhält man sich dort klüger als viele sonnenhungrige Touristen.

So gut die Wärme der Sonne auch tut und so frisch eine leichte Bräune auch aussieht – für die Haut bedeutet Sonne Stress. Denn die Hautbräunung ist eigentlich nichts anderes als eine Abwehrreaktion des Körpers auf die UV-Strahlung. Genießen Sie die Sonne deshalb in Maßen, und achten Sie besonders auf Folgendes:
- Nie ohne Sonnencreme in die Sonne gehen. Besonders, wenn die Haut nach dem Winter sonnenentwöhnt ist oder Sie in Gebiete mit starker UV-Strahlung reisen, sollte der Lichtschutzfaktor hoch sein (15 und aufwärts).
- Die tägliche Tagescreme sollte ebenfalls einen Lichtschutzfilter (mindestens 8) enthalten. Solche Cremes bieten inzwischen viele Firmen an. Außerdem sollten die Vitamine A, C oder E drinstecken. Sie gelten als regelrechte Fänger von freien Radikale.
- Mittagssonne zwischen 11 und 15 Uhr sollte ganz tabu sein.
- Generell im Schatten bräunen, das funktioniert bestens. Denn die Strahlenwirkung beträgt auch unterm Sonnenschirm oder dem Blätterdach eines Baums noch 50 Prozent.

Schädliche Einflüsse meiden

Knitterfaktor Rauchen

US-Studien beweisen es: Wer über neun Jahre lang jeden Tag ein Päckchen Zigaretten raucht, verdoppelt sein Risiko, übermäßig viele und tiefe Falten im Gesicht zu bekommen. Wer ohnehin ein schwaches Bindegewebe hat, kommt noch schneller zu unschönen Runzeln. Der Grund: Nikotin verschlechtert die Durchblutung im Körper und stört so die Ernährung von innen. Die Haut sieht fahl und müde aus, wird faltig. Außerdem vermuten amerikanische Wissenschaftler, dass Nikotin zusätzlich die Elastin- und Kollagenfasern im Bindegewebe zerstört.

Dazu kommen natürlich andere gesundheitliche Risiken, die von Erkrankungen der Atmungsorgane bis hin zum Lungenkrebs reichen.

Raucher schaden ihrer Haut nicht nur durch das Nikotin von innen: Das dauernde Ziehen an der Zigarette macht die Mundpartie knittrig und das Blinzeln gegen beißenden Tabakqualm verursacht Fältchen um die Augen.

Stress lässt Sie alt aussehen

Bestimmter, belastender Stress (Dis-Stress) wirkt sich negativ auf das Immunsystem aus und fördert so die Bildung von freien Radikale. Die Haut reagiert ganz unterschiedlich darauf. Es kann zu Irritationen der Haut, Ekzemen, aber auch zu frühzeitiger Faltenbildung kommen. Im Gegensatz zum Dis-Stress gibt es aber auch den »guten« Stress, den Experten als Eu-Stress bezeichnen. Er treibt uns zu Höchstleistungen an und bringt uns in Hochstimmung. Diese Stresshormone baut der Körper auch wesentlich schneller wieder ab.

Das schadet Ihrem Teint	
• Hochprozentiger Alkohol	• Duft- und Konservierungsstoffe in Kosmetika
• Nikotin	
• Ausgedehnte Sonnenbäder oder Solariumbesuche	• Seelische Anspannung, Stress
• Unausgewogene Ernährung	• Frischluft- und Bewegungsmangel

Vorbereitung auf das Self-Lifting

Die Übungen sind mit Sternchen versehen, die Ihnen die Wichtigkeit der jeweiligen Übungseinheit anzeigen. Das bedeutet, die Übungen mit fünf Sternchen gehören zu denen, die unbedingt in Ihr Trainingsprogramm gehören – gerade wenn Sie Trainingsanfängerin sind.

Wichtig vor jeder Übungseinheit ist, dass Sie sehr entspannt sind und sich voll und ganz auf das bevorstehende Training konzentrieren.

Nachdem Sie jetzt alles über die Hintergründe der Self-Lifting-Methode, den Aufbau der Haut und ihre richtige Pflege wissen, kann es losgehen. Setzen oder stellen Sie sich vor den Spiegel. So können Sie Ihre Mimik am besten kontrollieren. Damit die Gesichtsmuskeln aktiviert werden, ist es empfehlenswert, sie jeweils vor einer Übungsserie vorzubereiten und aufzuwärmen.

Zum Aufwärmen

1. Tragen Sie mein Gesichtsöl (siehe Seite 75) dünn auf die gesamte Haut auf. So ist die Haut besonders geschmeidig, und damit sind die Übungen angenehmer durchzuführen.
2. Nachdem die Haut auf diese Weise vorbereitet ist, entspannen Sie Ihre Gesichts- und Halsmuskeln, und wärmen Sie sie mit Hilfe Ihrer Fingerspitzen auf, und zwar mit sanftem Klopfen von unten nach oben, etwa eine Minute lang, bis Sie ein angenehmes Wärmegefühl verspüren. Beginnen Sie beim Kinn (wie Sie es auf den Fotos der Massageübungen, siehe Seite 76 ff., sehen), und arbeiten Sie dann über das ganze Gesicht.
3. Eine andere Möglichkeit: Kreuzen Sie Ihre Hände vor dem Gesicht. Die Handfläche Ihrer rechten Hand ist auf Ihrer linken Wange und die Handfläche Ihrer linken Hand auf Ihrer rechten Wange. Wie in der vorhergehenden Übung klopfen Sie Ihre Wangen ganz leicht; ebenso die Halspartie, und zwar eine Minute lang von unten nach oben. Sie werden spüren, wie am Hals und im Gesicht ein angenehmes Wärmegefühl entsteht.

Nun geht's los

Was die Übungen bewirken

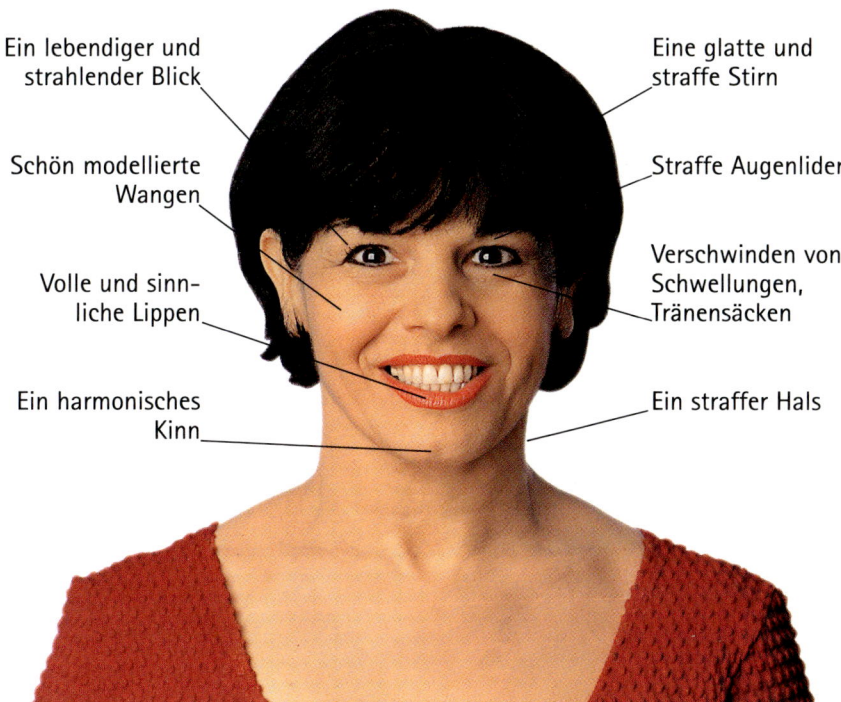

- Ein lebendiger und strahlender Blick
- Schön modellierte Wangen
- Volle und sinnliche Lippen
- Ein harmonisches Kinn
- Eine glatte und straffe Stirn
- Straffe Augenlider
- Verschwinden von Schwellungen, Tränensäcken
- Ein straffer Hals

Kleine Tricks für Zwischendurch

Wenn es im Büro hektisch zugeht, helfen folgende Übungen:
- Krallen Sie von Zeit zu Zeit unter dem Schreibtisch ihre Zehen für 20 Sekunden ein, als wollten sie etwas damit greifen. Dabei einatmen. Beim Ausatmen entspannen Sie Ihre Füße wieder.
- Oder: Legen Sie sich einen Tennisball unter den Schreibtisch. Bei Stress die Schuhe ausziehen und erst mit dem einen, dann mit dem anderen Fuß kräftig auf dem Ball hin- und herrollen.
- Bei überanstrengten Augen: hinter den geschlossenen Lidern die Augäpfel erst nach rechts, dann nach links rollen lassen.

Tiefes, regelmäßiges Durchatmen ist Voraussetzung für eine entspannte Körperhaltung.

Übungen für die Halspartie

Die Giraffe*****

Haltung gegen Halsfalten: Stellen Sie sich ruhig ab und zu vor, ein stolzer Schwan zu sein, der seinen Hals hoch über die schnatternde Entenschar reckt – das verbessert Ihre Kopfhaltung und sorgt für glatte Haut an Hals und Dekolletee.

Was ist das Ziel dieser Übung?

Dank dieser sehr wichtigen Übung (fünf Sterne) werden Sie einen glatten und straffen Hals – so wie in Ihrer Jugend – wiedergewinnen, um den Sie bald von vielen beneidet werden.

Was bringt diese Übung?

Nach zwei bis drei Wochen täglicher Übungen werden Sie spüren, wie Ihre Halsmuskulatur an Spannkraft gewinnt. Sie wird allmählich ihre ursprüngliche Elastizität und Stärke wiedererlangen.

Das Tempo

Wenn Sie die vorgestellte Übung gut eintrainiert haben, sollten Sie das Tempo steigern; die Anspannungsphase sollte nur zwei Sekunden dauern, die Entspannungszeit ist auf eine Sekunde begrenzt. So können Sie die Anzahl der Bewegungsabläufe verdreifachen.

Die ersten zehn Wochen
Intensivphase, 1 Sekunde Anspannung, 1 Sekunde Entspannung
In der Phase der kontinuierlichen Regeneration (Dauerregeneration) genügt ein Rhythmus von 5 Sekunden Anspannung und etwa 3 Sekunden Entspannung 5-mal hintereinander, 3-mal pro Woche.

Die Hautspannung regenerieren

Wie muss die Übung ausgeführt werden?

Ausgangsposition
Setzen Sie sich ganz entspannt hin. Das Kinn sollte gerade nach vorn zeigen, der Mund ist leicht geöffnet.

Dauerregeneration
Nach der 10. Woche in langsamem Rhythmus üben:
- 5 Sekunden Anspannung
- 3 Sekunden Entspannung
- 3-mal pro Woche

Übung
1. Schieben Sie den Unterkiefer vor, indem Sie das Kinn anheben – so, wie Sie es auf den Fotos sehen.
2. Steigern Sie allmählich, und zwar mit Ihrer ganzen Kraft, die Anspannung der Hals- und Unterkiefermuskeln.
3. Halten Sie die Spannung, zählen Sie bis 5, und lassen Sie die Muskeln wieder locker.
4. Genießen Sie diese Entspannung, und beginnen Sie mit der Übung von neuem.

Übungen für die Halspartie

Der Vogel**

Was ist das Ziel dieser Übung?

Diese Übung tut auch gut, wenn Sie häufiger unter verspannten Nackenmuskeln leiden. Achten Sie darauf, den Kopf auch beim Drehen nicht zu neigen und die Schultern nicht nach unten zu ziehen.

Wie Sie selbst sehen, hat diese Übung nur zwei Sterne, aber sie ergänzt die Giraffe bestens. Ihre Fältchen am Hals werden geglättet, sie wirken jünger.

Was bringt diese Übung?

Da diese Übung die vorangehende ergänzt, werden Sie nach zwei bis drei Wochen täglicher Übungen fühlen, wie Ihre Halspartie zusätzlich an Spannkraft gewinnt. Sie fühlen sich jünger und sehen auch so aus.

Das Tempo

Wenn Sie den beschriebenen Bewegungsablauf gut beherrschen, steigern Sie Ihr Tempo. Die Anspannungsphase sollte dann zwei Sekunden dauern und die Entspannung auf eine Sekunde begrenzt sein. Bei dieser raschen Folge können Sie die Anzahl der Bewegungsabläufe verdreifachen (Intensivphase).

Die ersten zehn Wochen
Intensivphase, 2 Sekunden Anspannung, 1 Sekunde Entspannung
In der Phase der Regeneration genügt ein Rhythmus von 5 Sekunden Anspannung und etwa 3 Sekunden Entspannung, 5-mal hintereinander, 3-mal pro Woche.

Tipp Gerade die Halspartie verrät oft das Alter einer Frau eher als ihr Gesicht. Viel trägt dabei eine schlechte Haltung zur frühen Faltenbildung bei. Nehmen Sie sich ein Beispiel an der aufrechten Kopfhaltung der Frauen afrikanischer und asiatischer Völker, die häufig Lasten auf dem Kopf balancieren.

Für einen Schwanenhals

Wie muss die Übung ausgeführt werden?

Ausgangsposition
Für diese Übung empfehle ich Ihnen, sich hinzusetzen. Lächeln Sie ruhig bei der Übung, so sind Sie gleich entspannter.

Dauerregeneration
Nach der 10. Woche in langsamem Rhythmus üben:
- 5 Sekunden Anspannung
- 3 Sekunden Entspannung
- 3-mal pro Woche

Übung
1. Drehen Sie den Kopf langsam nach links, ohne dabei jedoch die Schultern zu bewegen.
2. Steigern Sie allmählich die Anspannung der Halsmuskeln mit Ihrer ganzen Kraft. Zählen Sie bis 5, lassen Sie dann los.
3. Genießen Sie die Entspannung, und beginnen Sie mit der Übung von neuem. Drehen Sie Ihren Kopf zur Abwechslung diesmal zur rechten Seite.

Das Nilpferd***

Was ist Ziel dieser Übung?

Der Hals ist wie das Gesicht meist unbedeckt und Sonne, Kälte und Wind ausgesetzt. Deshalb muss die zarte und dünne Haut dieser Körperpartie genauso sorgfältig gepflegt und geschützt werden wie der Teint.

Ich empfehle Ihnen diese Übung mit drei Sternen als Alternative zur vorhergehenden, denn sie trägt entscheidend dazu bei, Ihre Halspartie wirksam zu stärken. Kleine Knitterfältchen werden ausgebügelt.

Was bringt diese Übung?

Da auch diese Übung die vorangegangene ergänzt, werden Sie nach zwei bis drei Wochen täglicher Übung fühlen, wie Ihre Halspartie straffer, elastischer und fester wird. Um einen dauerhaften Erfolg zu erzielen, sollten die Übungen aber zur festen Gewohnheit und regelmäßig in Ihren Alltag eingeplant werden.

Ein willkommener Nebeneffekt der Self-Lifting-Methode: Durch die bewusste An- und Entspannung der Gesichtsmuskeln entwickeln Sie auf die Dauer ein besseres Gespür für Ihre Mimik und setzen diese kontrollierter ein.

Das Tempo

Wenn Sie die beschriebene Bewegungsfolge beherrschen, steigern Sie Ihr Tempo. Die Anspannung darf nun nur zwei Sekunden dauern, die Entspannung ist auf eine Sekunde begrenzt. Mit diesem Schnelldurchgang können Sie die Bewegungsanzahl verdreifachen.

Die ersten zehn Wochen

Intensivphase, 2 Sekunden Anspannung, 1 Sekunde Entspannung
In der auf Dauer ausgerichteten Regenerationsphase genügt eine Abfolge von 5 Sekunden Anspannung und etwa 3 Sekunden Entspannung, 5-mal hintereinander, 3-mal pro Woche (Dauerregenerationsphase).

Die Knitterfältchen ausbügeln

Wie muss die Übung ausgeführt werden?

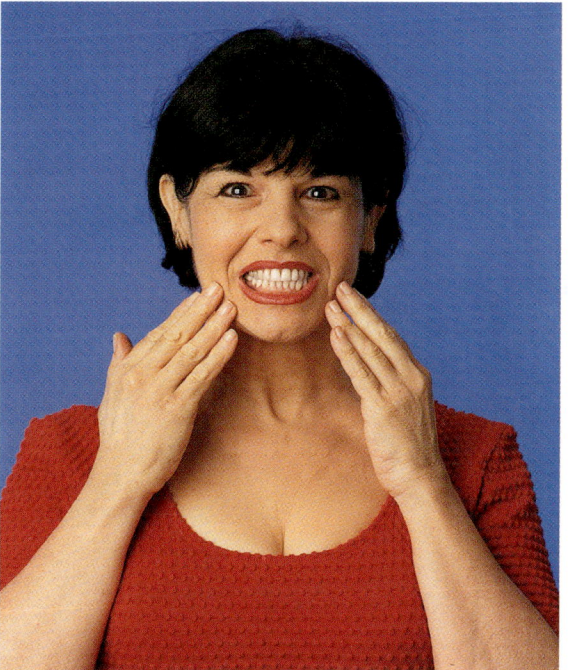

Ausgangsposition
Setzen Sie sich entspannt hin, ziehen Sie Ihre Unterlippe nach unten, wobei Sie die Zähne zusammenbeißen.

Dauerregeneration
Nach der 10. Woche in langsamem Rhythmus üben:
- 5 Sekunden Anspannung
- 3 Sekunden Entspannung
- 3-mal pro Woche

Übung
1. Legen Sie die Finger an beiden Seiten der Mundwinkel auf, so dass die Fingerspitzen zur Gesichtsmitte zeigen. Zerren Sie dabei nicht die Haut.
2. Steigern Sie allmählich die Anspannung der Halsmuskeln, und zwar mit Ihrer ganzen Kraft.
3. Zählen Sie bis 5, und lassen Sie dann los.
4. Entspannen Sie und beginnen dann mit der Übung von neuem.

Übungen für die Halspartie

Der Apfel****

Was ist Ziel dieser Übung?

Diese Vier-Sterne-Übung modelliert die Halspartie und trainiert vor allem die Unterkiefermuskulatur. Sie sollten sich dabei vorstellen, in einen Apfel beißen zu wollen, der noch am Baum hängt. Tatsächlich beugen Sie aber auch Halsfalten und einer schlaffen Unterkieferpartie vor, wenn Sie Ihrer Kaumuskulatur reichlich Arbeit geben. Ein knackiger Apfel oder kerniges Brot sind nicht nur gesund, sondern trainieren auch die Hals- und Kiefermuskeln.

Was bringt diese Übung?

Ihre Halspartie gewinnt wieder schöne, gleichmäßige Konturen. Steigern können Sie diesen Effekt, wenn Sie den Hals bei der täglichen Schönheitspflege einbeziehen. Vergessen Sie nicht: Das Gesicht hört nicht am Kinn auf! Eine sanfte Massage mit einem reichhaltigen Pflegeöl macht die Haut elastisch und zart (siehe Seite 75).

Das Tempo

Wenn Sie den beschriebenen Bewegungsablauf beherrschen, steigern Sie das Tempo der Übungen. Die Phase der Anspannung darf nun nur zwei Sekunden dauern, die Entspannung ist auf eine Sekunde begrenzt. Bei diesem Schnelldurchgang können Sie die Anzahl der Bewegungsabläufe verdreifachen (Intensivphase).

Die ersten zehn Wochen

Intensivphase, 2 Sekunden Anspannung, 1 Sekunde Entspannung
In der Phase der permanenten Regeneration genügt ein Rhythmus von 5 Sekunden Anspannung und etwa 3 Sekunden Entspannung, 5-mal hintereinander, 3-mal pro Woche.

Achten Sie darauf, in der Phase der Muskelanspannung nicht unwillkürlich die Luft anzuhalten. Versuchen Sie stattdessen, ruhig einzuatmen und in der Entspannungsphase ganz langsam die Luft wieder aus den Lungen ausströmen zu lassen.

Den Unterkiefer trainieren

Wie muss die Übung ausgeführt werden?

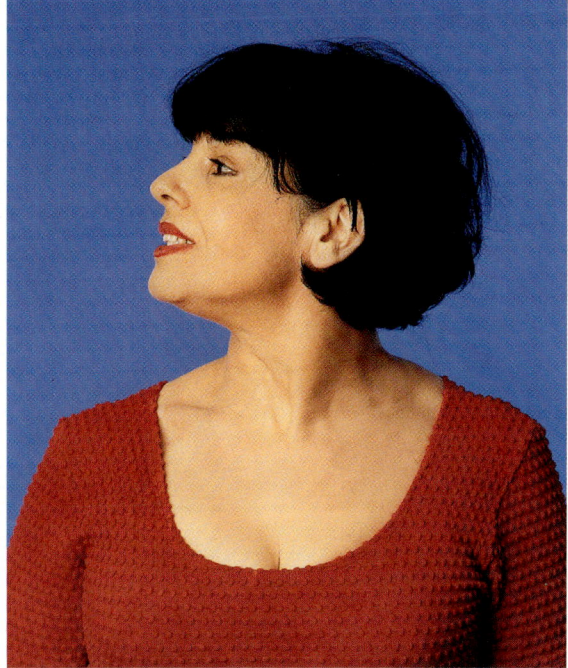

Ausgangsposition
Stellen Sie sich entspannt hin, beugen Sie den Kopf ganz leicht nach hinten, und öffnen Sie in dieser Position den Mund.

Dauerregeneration
Nach der 10. Woche in langsamem Rhythmus üben:
- 5 Sekunden Anspannung
- 3 Sekunden Entspannung
- 3-mal pro Woche

Übung
1. Steigern Sie nun allmählich, und zwar mit Ihrer ganzen Kraft, die Anspannung der Halsmuskeln.
2. Zählen Sie bis 5, und lassen Sie dann los.
3. Kurz entspannen, dann beginnen Sie mit der Übung von neuem.
4. Machen Sie die Übung am Anfang 5-mal pro Tag, und steigern Sie sich jeden Tag, bis Sie sie 15-mal hintereinander problemlos schaffen.

Übungen für die Halspartie

Der Löwe***

Was ist Ziel dieser Übung?

Steigern Sie nicht eher das Tempo der Übungen, bis Sie den Wechsel von An- und Entspannung vollkommen beherrschen. Man braucht etwas Geduld, bis man ein Gespür für die sonst wenig trainierten Gesichtsmuskeln entwickelt.

Diese Übung mit drei Sternen trägt ebenfalls dazu bei, Ihre Halspartie zu verschönern und zu straffen. Bei dieser, allen Kindern vertrauten Grimasse möchte man sich als Erwachsener nicht unbedingt ertappen lassen – wählen Sie für Ihre Übung also eine ungestörte Zeit. Genießen Sie das Gefühl, in Gedanken dem einen oder anderen unangenehmen Menschen mal die Zunge zu zeigen und dabei noch was für die Schönheit zu tun. Wann wird schon unhöfliches Benehmen auch noch belohnt!

Was bringt diese Übung?

Diese Übung wird nicht nur Ihre Halspartie verschönern, sondern auch dazu beitragen, die untere Partie Ihrer Wangen zu straffen. Gerade hier machen sich sackende Konturen besonders früh bemerkbar, die dem Gesicht leicht einen müden und deprimierten Ausdruck geben.

Das Tempo

Nachdem Sie die beschriebene Bewegungsfolge beherrschen, steigern Sie Ihr Tempo. Die Anspannungsphase darf nun nur zwei Sekunden dauern, und die Entspannungszeit ist auf eine Sekunde begrenzt. Mit diesem Schnelldurchgang können Sie die Anzahl der Bewegungen verdreifachen (Intensivphase).

Die ersten zehn Wochen

Intensivphase, 2 Sekunden Anspannung, 1 Sekunde Entspannung
In der Phase der Dauerregeneration genügt ein Rhythmus von 5 Sekunden Anspannung und etwa 3 Sekunden Entspannung, 5-mal hintereinander, 3-mal pro Woche.

Frech die Zunge zeigen

Wie muss die Übung ausgeführt werden?

Ausgangsposition
Legen Sie Ihre Finger seitlich neben den Mundwinkeln an, die Fingerspitzen zeigen nach oben. Öffnen Sie den Mund dabei.

Dauerregeneration
Nach der 10. Woche in langsamem Rhythmus üben:
- 5 Sekunden Anspannung
- 3 Sekunden Entspannung
- 3-mal pro Woche

Übung
1. Strecken Sie richtig Ihrem Spiegelbild die Zunge heraus. Dehnen Sie sie dabei, so weit Sie können.
2. Steigern Sie allmählich, und zwar mit Ihrer ganzen Kraft, die Anspannung der Halsmuskeln.
3. Zählen Sie bis 5, und lassen Sie die Muskeln dann wieder locker.
4. Entspannen Sie kurz und beginnen die Übung wieder von neuem.

Übungen für die Kinnpartie

Der Fisch****

Was ist Ziel dieser Übung?

Sie verhindert nicht nur die Entwicklung eines Doppelkinns, sondern lässt selbst ein bereits vorhandenes Doppelkinn verschwinden, ohne Skalpell und ohne Narben.

Was bringt diese Übung?

Nie wieder ein Doppelkinn! Tag für Tag werden Sie von dieser einfachen, aber sehr wirksamen Übung profitieren. Dank Self-Lifting schauen Sie wieder gern in den Spiegel.

Das Tempo

Wenn Sie den beschriebenen Bewegungsablauf gut beherrschen, steigern Sie Ihr Tempo. Die Anspannungsphase sollte nun nur zwei Sekunden dauern, und die Entspannungszeit ist auf eine Sekunde begrenzt. So können Sie die Anzahl der Bewegungen verdreifachen.

Die ersten zehn Wochen
Intensivphase, 2 Sekunden Anspannung, 1 Sekunde Entspannung
In der Phase der Dauerregeneration genügt ein Rhythmus von 5 Sekunden Anspannung und etwa 3 Sekunden Entspannung, 5-mal hintereinander, 3-mal pro Woche.

Diese unauffällige Übung kann man zur Dauerregeneration auch einfach mal zwischendurch machen, ohne dass Ihre Umgebung es bemerkt: in der Schlange an der Supermarktkasse oder beim Warten an der Bushaltestelle.

Festigt schwabbeliges Gewebe

Wie muss die Übung ausgeführt werden?

 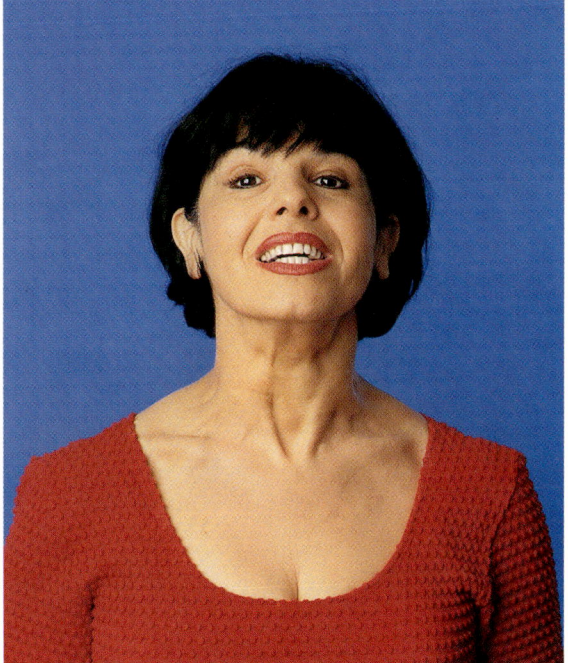

Ausgangsposition
Stellen Sie sich entspannt hin. Öffnen Sie den Mund leicht, und drücken Sie ganz einfach Ihre Zunge gegen die Gaumenmitte.

Dauerregeneration
Nach der 10. Woche in langsamem Rhythmus üben:
- 5 Sekunden Anspannung
- 3 Sekunden Entspannung
- 3-mal pro Woche

Übung
1. Steigern Sie allmählich die Anspannung der Kinnmuskeln.
2. Zählen Sie bis 5, und lassen Sie dann die Muskeln wieder locker.
3. Nach kurzer Ruhephase beginnen Sie mit der Übung von neuem.
4. Machen Sie die Übung am Anfang 5-mal pro Tag, und steigern Sie jeden Tag die Häufigkeit, bis Sie sie 15-mal hintereinander problemlos schaffen.

Übungen für die Kinnpartie

Die Ente****

Was ist Ziel dieser Übung?

Diese Übung mit fünf Sternen verbessert die Kontur Ihres Kinns. Die Haut wird straffer und glatter, und ein spitz hervortretender Kinnknochen wirkt durch den Aufbau der Muskeln wieder abgerundeter und harmonischer.

Bei den einzelnen Übungen sollten nur die jeweils trainierten Muskelgruppen unter Anspannung stehen, die übrigen Gesichtspartien bleiben immer ganz locker und entspannt.

Was bringt diese Übung?

Diese ausgezeichnete Übung ermöglicht Ihnen, deutlich die Konturen Ihres Kinns zu verbessern. Übrigens brauchen Sie sich auch bei ausdauerndem Üben keine Sorgen zu machen, etwa die markige Kinnpartie eines aggressiven Filmhelden zu entwickeln. Das Profil des Gesichts wird in erster Linie von der Struktur der Knochen bestimmt, das Training der feinen Muskeln sorgt nur dafür, das Unterhautgewebe schön elastisch und straff zu erhalten.

Das Tempo

Wenn Sie den beschriebenen Bewegungsablauf beherrschen, steigern Sie Ihr Tempo. Die Anspannungsphase sollte nun nur zwei Sekunden dauern, und die Entspannungszeit ist auf eine Sekunde begrenzt. Während dieser schnellen Phase können Sie die Anzahl der Bewegungsabläufe verdreifachen.

Die ersten zehn Wochen
Intensivphase, 2 Sekunden Anspannung, 1 Sekunde Entspannung
In der Phase der Dauerregeneration genügt ein Rhythmus von 5 Sekunden Anspannung und etwa 3 Sekunden Entspannung, 5-mal hintereinander, 3-mal pro Woche.

Das Doppelkinn wegzaubern

Wie muss die Übung ausgeführt werden?

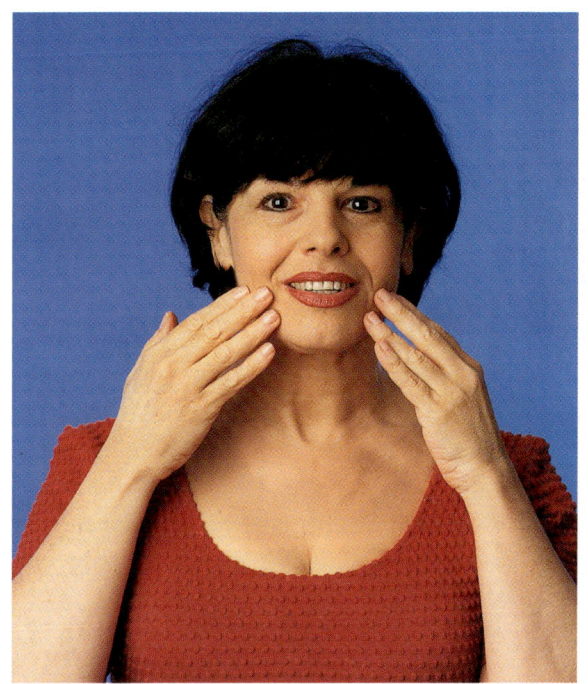 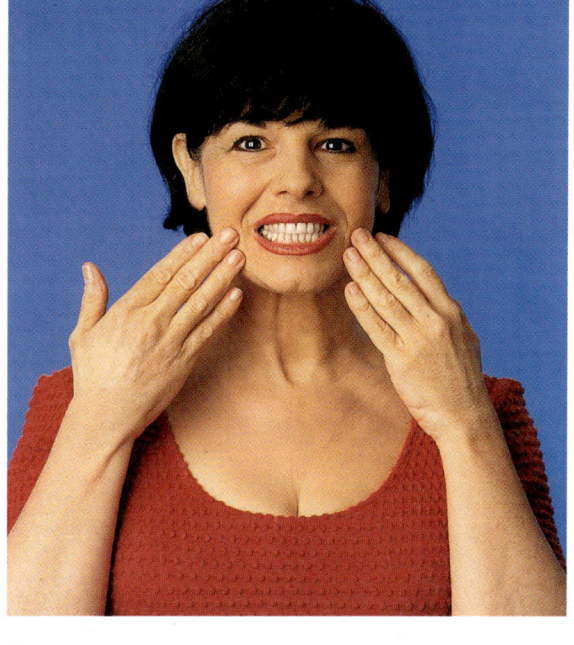

Ausgangsposition
Ziehen Sie die Unterlippe nach unten, und zwar ohne die Mundwinkel zu senken. Legen Sie Ihre Finger an die Mundwinkel.

Dauerregeneration
Nach der 10. Woche in langsamem Rhythmus üben:
- 5 Sekunden Anspannung
- 3 Sekunden Entspannung
- 3-mal pro Woche

Übung
1. Lassen Sie die Fingerspitzen ohne Druck an den Mundwinkeln ruhen.
2. Steigern Sie allmählich, und zwar mit Ihrer ganzen Kraft, den Zug der Unterlippe und damit die Anspannung Ihrer Kinnmuskeln.
3. Zählen Sie bis 5, und lassen Sie die Muskeln wieder locker, die Unterlippe gleitet zurück über die Zähne.
4. Genießen Sie kurz diese Entspannung, und beginnen Sie mit der Übung von neuem.

Übungen für die Kinnpartie

Der Delphin***

Was ist Ziel dieser Übung?

Wie die vorausgegangenen Übungen trägt diese dazu bei, die Bildung eines Doppelkinns zu vermeiden. Schlaffe Übergänge zwischen Hals und Kinn werden wieder straffer, bekommen mehr Kontur.

Was bringt diese Übung?

Diese Übung ergänzt die vorige auf perfekte Weise und sorgt so für ein schönes, harmonisches Profil. Sie hat zwar nur drei Sterne und ist damit nicht ganz so wirkungsvoll wie der Fisch oder die Ente, dafür eignet sie sich aber hervorragend dazu, immer mal wieder unauffällig zwischendurch ausgeführt zu werden. Ob bei einer langatmigen Besprechung oder daheim vor dem Fernseher: Stützen Sie einfach lässig das Kinn auf eine Hand, und pressen Sie den Unterkiefer fest gegen den Widerstand – der sichtbare Erfolg wird nicht lange auf sich warten lassen.

Das Tempo

Wenn Sie den beschriebenen Bewegungsablauf beherrschen, steigern Sie Ihr Tempo. Die Anspannungsphase sollte nun nur zwei Sekunden dauern, und die Entspannungszeit ist auf eine Sekunde begrenzt. Bei diesem Schnelldurchgang können Sie die Anzahl der Bewegungsabläufe verdreifachen.

Die ersten zehn Wochen
Intensivphase, 2 Sekunden Anspannung, 1 Sekunde Entspannung
In der Phase der Dauerregeneration genügt ein Rhythmus von 5 Sekunden Anspannung und etwa 3 Sekunden Entspannung, 5-mal hintereinander, 3-mal pro Woche.

Ein schönes Profil stand in früheren Zeiten höher im Kurs als heute, wo man durch Film und Fotografie an eine zweidimensionale Betrachtungsweise gewöhnt ist. Betrachten Sie Ihr Gesicht nicht immer nur frontal im Spiegel, sondern achten Sie auch auf die Harmonie der Linien und Strukturen aus anderen Blickwinkeln.

Strafft die Konturen

Wie muss die Übung ausgeführt werden?

Ausgangsposition
Halten Sie den Kopf aufrecht, und drücken Sie die gestreckten Finger Ihrer rechten Hand mit der Oberseite an den Unterkiefer.

Dauerregeneration
Nach der 10. Woche in langsamem Rhythmus üben:
- 5 Sekunden Anspannung
- 3 Sekunden Entspannung
- 3-mal pro Woche

Übung
1. Versuchen Sie jetzt – gegen den Widerstand Ihrer Hand – den Mund zu öffnen.
2. Steigern Sie allmählich die Muskelanspannung Ihres Unterkiefers.
3. Zählen Sie bis 5, und lassen Sie dann los.
4. Entspannen Sie kurz und beginnen dann mit der Übung von neuem.
5. Machen Sie die Übung am Anfang 5-mal pro Tag, und steigern Sie jeden Tag die Häufigkeit bis auf 10-mal.

Übungen für die Kinnpartie

Das Eichhörnchen****

Was ist Ziel dieser Übung?

Achten Sie darauf, bei allen Übungen die Haut nicht zu zerren und zu überdehnen. Das Prinzip beruht auf der festen Anspannung einzelner Muskeln, nicht darauf, Grimassen zu schneiden, die eher neue Falten provozieren.

Wie die Übungen zuvor, hilft auch diese Übung, ein Doppelkinn abzumildern oder gar wegzutrainieren. Die Konturen sehen wieder klarer aus.

Was bringt diese Übung?

Diese Übung ergänzt ebenfalls optimal die vorangegangenen Übungseinheiten; sie und modelliert hauptsächlich Ihr Profil. Zur dauerhaften Erhaltung Ihres Erfolgs brauchen Sie später nicht immer die gesamte Abfolge der Übungen zu trainieren. Stellen Sie sich Ihr individuelles Programm zusammen, und konzentrieren Sie sich dabei auf Ihre Schwachpunkte.

Wechseln Sie aber auch dann und wann ab zwischen den Übungen für die Kinnpartie, weil jede auf etwas andere Art und Weise einzelne der vielen kleinen Muskeln beansprucht.

Das Tempo

Wenn Sie den beschriebenen Bewegungsablauf beherrschen, steigern Sie Ihr Tempo. Die Anspannungsphase sollte nun nur zwei Sekunden dauern, und die Entspannungszeit ist auf eine Sekunde begrenzt. Beim Schnelldurchgang können Sie die Anzahl der Bewegungsabläufe verdreifachen.

Die ersten zehn Wochen

Intensivphase, 2 Sekunden Anspannung, 1 Sekunde Entspannung
In der Phase der Dauerregeneration genügt ein Rhythmus von 5 Sekunden Anspannung und etwa 3 Sekunden Entspannung, 5-mal hintereinander, 3-mal pro Woche.

Das Profil modellieren

Wie muss die Übung ausgeführt werden?

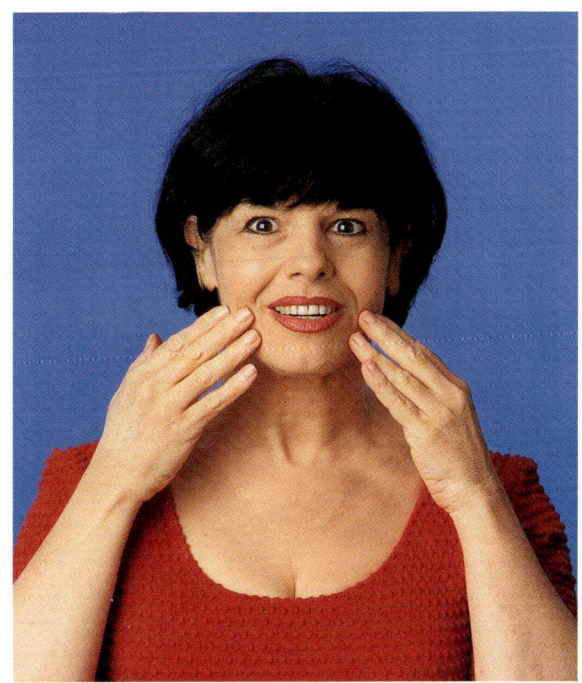 

Ausgangsposition
Stellen oder setzen Sie sich entspannt hin, legen Sie Ihre Fingerspitzen seitlich an die Mundwinkel.

Dauerregeneration
Nach der 10. Woche in langsamem Rhythmus üben:
- 5 Sekunden Anspannung
- 3 Sekunden Entspannung
- 3-mal pro Woche

Übung
1. Ziehen Sie jetzt die Unterlippe mit den Fingern über den Unterkiefer, ohne die Haut dabei zu zerren.
2. Steigern Sie allmählich, und zwar mit Ihrer ganzen Kraft, die Muskelanspannung des Unterkiefers.
3. Zählen Sie bis 5, und lassen Sie die Muskeln wieder locker.
4. Genießen Sie die Entspannung, und beginnen Sie mit der Übung von neuem.

Übungen für die Lippenpartie

Der Kuss***

Schöne volle Lippen haben durch alle Zeiten hindurch einen hohen erotischen Signalwert. Sie geben dem Gesicht Lebendigkeit und eine sinnliche Ausstrahlung.

Was ist Ziel dieser Übung?

So werden Ihre Lippen schön geformt. Wie Sie vielleicht wissen, werden bei jedem Kuss 44 Muskeln aktiviert.

Was bringt diese Übung?

Sie werden die vollen und anziehenden Lippen einer jungen Frau bekommen. Dank der Self-Lifting-Methode verbessert sich das Gewebe sichtlich.

Das Tempo

Wenn Sie den beschriebenen Bewegungsablauf beherrschen, steigern Sie Ihr Tempo. Die Anspannungsphase sollte nun nur zwei Sekunden dauern, und die Entspannungszeit ist auf eine Sekunde begrenzt. Bei diesem Schnelldurchgang können Sie die Anzahl der Bewegungsabläufe verdreifachen (Intensivphase).

Die ersten zehn Wochen

Intensivphase, 2 Sekunden Anspannung, 1 Sekunde Entspannung
In der Phase der Dauerregeneration genügt ein Rhythmus von 5 Sekunden Anspannung und etwa 3 Sekunden Entspannung, 5-mal hintereinander, 3-mal pro Woche.

Für einen schönen Mund

Wie muss die Übung ausgeführt werden?

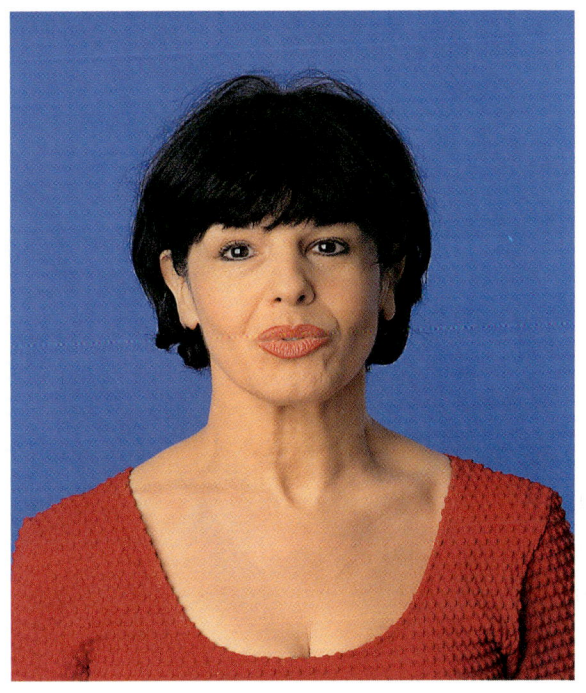 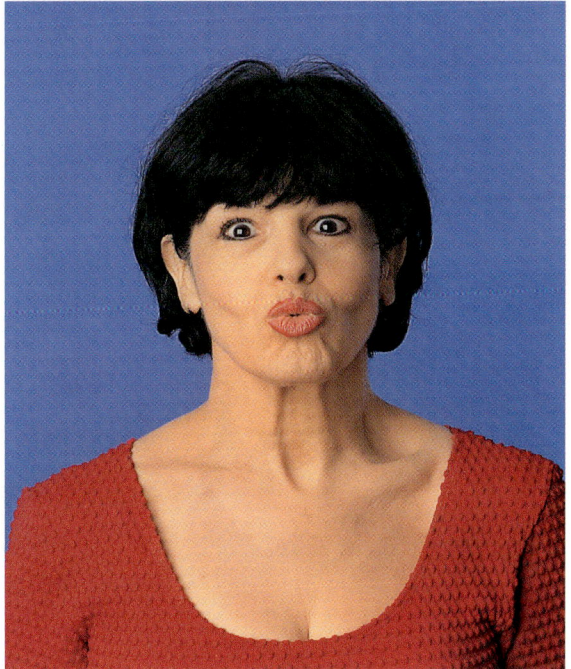

Ausgangsposition
Das tut auch dem Ego gut: Schauen Sie in den Spiegel, und formen Sie Ihre Lippen zuerst zu einem sanften Kussmund.

Dauerregeneration
Nach der 10. Woche in langsamem Rhythmus üben:
- 5 Sekunden Anspannung
- 3 Sekunden Entspannung
- 3-mal pro Woche

Übung
1. Steigern Sie allmählich, und zwar mit Ihrer ganzen Kraft, die Anspannung der Muskeln Ihrer Lippen. Der Kussmund sollte immer deutlicher ausgeprägt wirken mit gespitzten Lippen.
2. Zählen Sie bis 5, und lassen Sie die Muskeln wieder locker.
3. Konzentrieren Sie sich kurz auf das befreiende Gefühl der Entspannung, und beginnen Sie die Übung von neuem.

Übungen für die Lippenpartie

Die Eidechse****

Was ist Ziel dieser Übung?

Knitterfältchen um die Lippen machen oft beim Make-up Probleme, weil der Lippenstift leicht in den feinen Linien verläuft. Abhilfe schafft ein nur wenig fetthaltiger Konturenstift oder eine Fixiercreme, die man unter dem Lippenstift aufträgt.

Sie verhindert, dass sich kleine Knitterfalten um die Lippen herum bilden. Diese entstehen meist recht früh und werden durch Rauchen oder viele Sonnenbäder noch verstärkt.

Was bringt diese Übung?

Nach häufigem Wiederholen werden Sie eine Festigung der gesamten Partie um Ihre Lippen feststellen. Dort bilden sich auch keine neuen Falten mehr. Selbst wenn Sie schon viele Falten haben, trägt diese Übung dazu bei, dass diese sich drastisch zurückbilden.

Das Tempo

Wenn Sie den beschriebenen Bewegungsablauf beherrschen, steigern Sie Ihr Tempo. Die Anspannungsphase sollte nun nur zwei Sekunden dauern, und die Entspannungszeit ist auf eine Sekunde begrenzt. Bei diesem Schnelldurchgang können Sie die Anzahl der Bewegungsabläufe verdreifachen (Intensivphase).

Die ersten zehn Wochen
Intensivphase, 2 Sekunden Anspannung, 1 Sekunde Entspannung
In der Phase der Dauerregeneration genügt ein Rhythmus von 5 Sekunden Anspannung und etwa 3 Sekunden Entspannung, 5-mal hintereinander, 3-mal pro Woche.

Tipp Spröde Lippen werden durch gelegentliches Auftragen von etwas Honig wieder geschmeidig. Tragen Sie einen flüssigen, möglichst kaltgeschleuderten Honig dünn auf und lassen ihn 10 Minuten lang einwirken. Dann darf er genüsslich abgeschleckt werden.

Fältchen bilden sich zurück

Wie muss die Übung ausgeführt werden?

 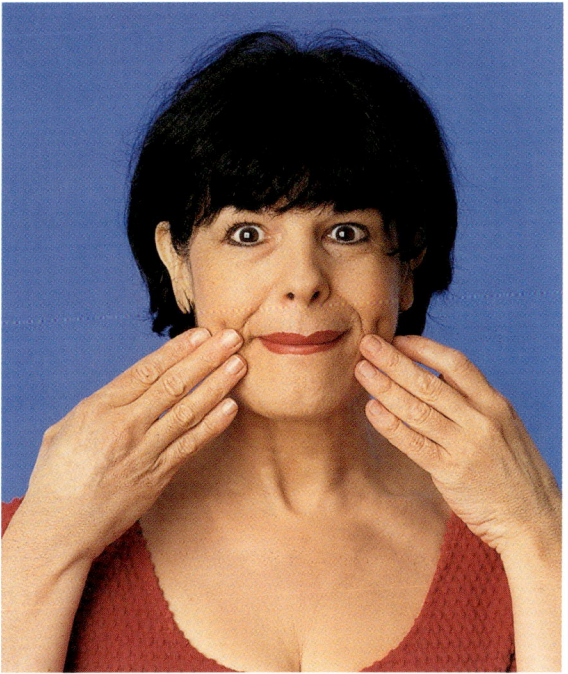

Ausgangsposition
Setzen Sie sich entspannt hin. Pressen Sie die Lippen etwas zusammen, so dass sie dabei über die Zähne gezogen werden.

Dauerregeneration
Nach der 10. Woche in langsamem Rhythmus üben:
- 5 Sekunden Anspannung
- 3 Sekunden Entspannung
- 3-mal pro Woche

Übung
1. Ziehen Sie die Lippen noch deutlicher über die Zähne nach innen.
2. Steigern Sie allmählich, und zwar mit Ihrer ganzen Kraft, die Anspannung der Muskeln der Lippen. Halten Sie dabei die Mundwinkel ruhig mit den Fingern etwas straff.
3. Zählen Sie bis 5, und lassen Sie die Muskeln wieder locker.
4. Entspannen Sie und beginnen nach kurzer Pause mit der Übung von neuem.

Das »U«**

Was ist Ziel dieser Übung?

Spröde und rissige Lippen können auch ein Zeichen der Unterversorgung mit Vitaminen und anderen Vitalstoffen sein. Achten Sie auf eine ausgewogene und vollwertige Ernährung (siehe Seite 86ff.), um die Regeneration der Haut auch von innen zu unterstützen.

Diese Übung trägt dazu bei, die oft vernachlässigte Lippen- und Mundpartie zu stärken. Leicht kommt es durch die unwillkürliche Mimik zu unschönen Veränderungen der Konturen. Wer oft die Mundwinkel skeptisch nach unten zieht, die Lippen spöttisch kräuselt oder in stummer Abwehr aufeinander presst, verleiht dem Mund auf Dauer einen Ausdruck, der weit entfernt ist von den sanft geschwungenen, vollen Lippen, die einem als Ideal vorschweben.

Was bringt diese Übung?

Da sie die vorhergehende Übung ergänzt, sorgt sie mit Nachdruck für eine weitere Festigung der Lippenpartie. Cremen Sie Ihre Lippen vor den Übungen stets gut ein, denn die Haut ist hier so zart und dünn wie auf Ihren Augenlidern.

Das Tempo

Wenn Sie den beschriebenen Bewegungsablauf beherrschen, steigern Sie Ihr Tempo. Die Anspannungsphase sollte nun nur zwei Sekunden dauern, und die Entspannungszeit ist auf eine Sekunde begrenzt. Bei diesem Schnelldurchgang können Sie die Anzahl der Bewegungsabläufe verdreifachen (Intensivphase).

Die ersten zehn Wochen

Intensivphase, 2 Sekunden Anspannung, 1 Sekunde Entspannung
In der Phase der Dauerregeneration genügt ein Rhythmus von 5 Sekunden Anspannung und etwa 3 Sekunden Entspannung, 5-mal hintereinander, 3-mal pro Woche.

Langsam das Tempo steigern

Wie muss die Übung ausgeführt werden?

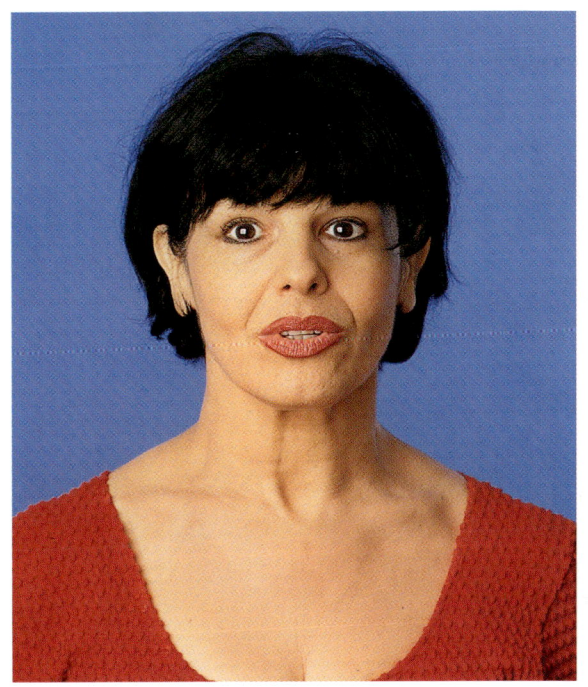
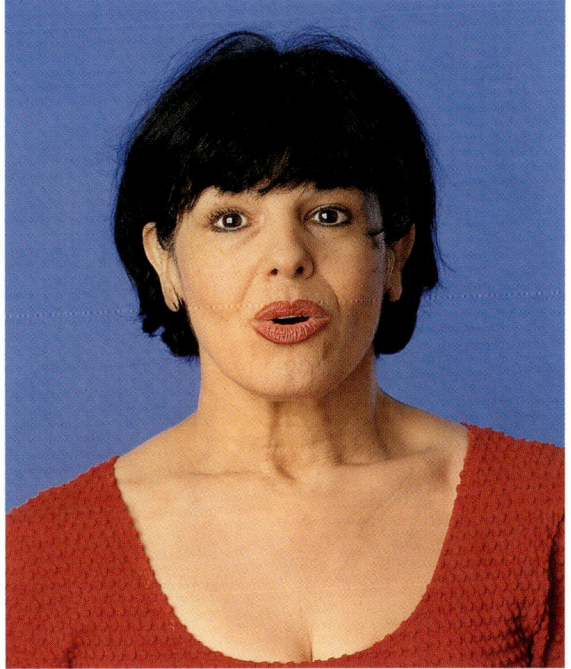

Ausgangsposition
Setzen Sie sich entspannt auf einen Stuhl. Halten Sie den Kopf gerade, und öffnen Sie den Mund leicht.

Dauerregeneration
Nach der 10. Woche in langsamem Rhythmus üben:
- 5 Sekunden Anspannung
- 3 Sekunden Entspannung
- 3-mal pro Woche

Übung
1. Spitzen Sie die Lippen ein wenig, ohne sie dabei aufeinander zu pressen – so, wie Sie es auf den Fotos sehen. Sprechen Sie laut und deutlich den Vokal »U« aus. Formen Sie den Laut mit Ihrer ganzen Kraft.
2. Steigern Sie allmählich die Anspannung der Lippenmuskulatur.
3. Zählen Sie bis 5, und lassen Sie dann los.
4. Kurz entspannen, dann beginnen Sie mit der Übung von neuem.

Übungen für die Lippenpartie

Das »O« von Marilyn*****

Was ist das Ziel dieser Übung?

Die Haut an den Lippen produziert kaum Talg und keinen Schweiß – wer keinen pflegenden Lippenstift benutzt, muss daher den Mund häufiger mit einer reichhaltigen Creme verwöhnen. Es gibt auch spezielle Lippencremes, die kleine Hautrisse reparieren.

Diese Übung mit fünf Sternen wird die Form Ihrer Lippen verschönern. Bauen Sie sie möglichst immer in Ihr Übungsprogramm mit ein, denn sie ist besonders wirkungsvoll. Die Mundpartie wird bei den meisten Menschen im Alter ausdrucksloser, die Lippen dünner und farbloser. Das liegt zum einen am Abbau des Unterhautgewebes und zum anderen an der geringeren Durchblutung. Ein wenig vorbeugendes Training ist sicher eine angenehmere Waffe dagegen als die Unterspritzung der Lippenhaut mit Silikon.

Was bringt diese Übung?

Stellen Sie sich vor, dass Ihre Lippen denen von Marilyn Monroe gleichen werden: Diese Übung hilft Ihnen, die schönsten Lippen der Welt zu bekommen.

Das Tempo

Nachdem Sie den beschriebenen Bewegungsablauf beherrschen, steigern Sie Ihr Tempo. Die Anspannungsphase sollte nun nur zwei Sekunden dauern, und die Entspannungszeit ist auf eine Sekunde begrenzt. In dieser Intensivphase können Sie die Anzahl der Bewegungsabläufe verdreifachen.

Die ersten zehn Wochen
Intensivphase, 2 Sekunden Anspannung, 1 Sekunde Entspannung
In der Phase der Dauerregeneration genügt ein Rhythmus von 5 Sekunden Anspannung und etwa 3 Sekunden Entspannung, 5-mal hintereinander, 3-mal pro Woche.

Einen Schmollmund machen

Wie muss die Übung ausgeführt werden?

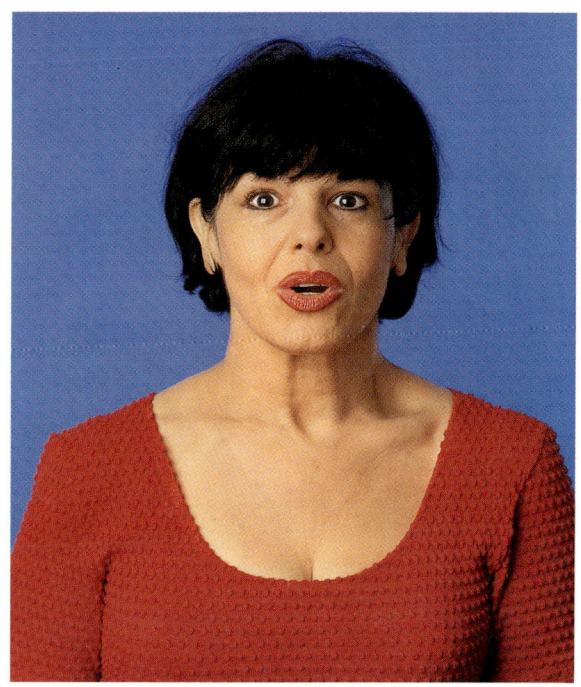 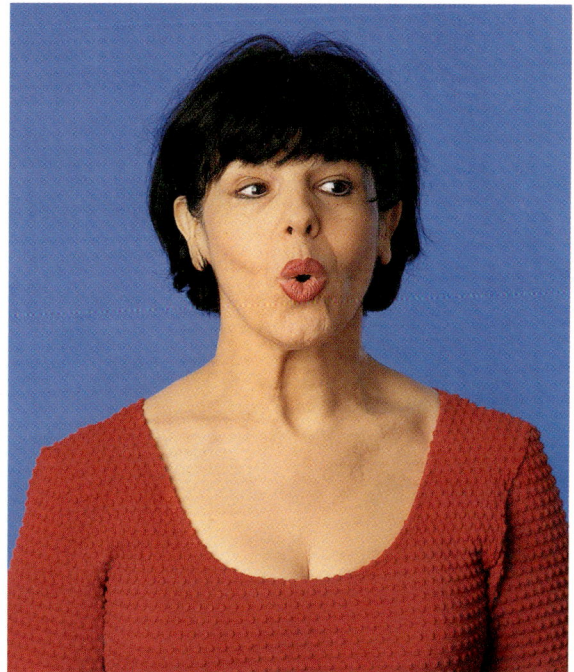

Ausgangsposition
Stellen oder setzen Sie sich entspannt hin. Beginnen Sie, mit den Lippen ein leichtes »O« zu formen.

Dauerregeneration
Nach der 10. Woche in langsamem Rhythmus üben:
- 5 Sekunden Anspannung
- 3 Sekunden Entspannung
- 3-mal pro Woche

Übung
1. Runden Sie die Lippen zu einem möglichst perfekten Ring.
2. Steigern Sie allmählich, und zwar mit Ihrer ganzen Kraft, die Anspannung der Lippenmuskeln. Das »O« sollte immer extremer und deutlicher werden.
3. Zählen Sie bis 5, und lassen Sie die Muskeln wieder locker.
4. Kurz entspannen, dann beginnen Sie mit der Übung von neuem.

Übungen für die Wangenpartie

Das Huhn*****

Auch Form und Farbe der Wangen sind Moden unterworfen: Während die Barockdichter Rosenwangen und Apfelbäckchen besangen, rühmte der Jugendstil alabasterne Blässe und durchsichtige Zartheit.

Was ist Ziel dieser Übung?

Die untere Partie Ihrer Wangen wird sich festigen. Vergessen Sie nicht, dass sich die Ergebnisse dieser Übung, wie auch die aller anderen, erst nach mehreren Wochen regelmäßigen Trainings zeigen.

Was bringt diese Übung?

Sie verhindert die Entstehung von Hängebäckchen. Es wird Sie freuen, wenn man Sie fragen wird: »Was haben Sie nur gemacht, um so viel jünger auszusehen?« Solche Komplimente haben Sie sich durch Ihre Ausdauer redlich verdient.

Das Tempo

Wenn Sie den beschriebenen Bewegungsablauf beherrschen, steigern Sie Ihr Tempo. Die Anspannungsphase sollte nun nur zwei Sekunden dauern, die Entspannungszeit nur eine Sekunde.

Die ersten zehn Wochen

Intensivphase, 2 Sekunden Anspannung, 1 Sekunde Entspannung
In der Phase der Dauerregeneration genügt ein Rhythmus von 5 Sekunden Anspannung und etwa 3 Sekunden Entspannung, 5-mal hintereinander, 3-mal pro Woche.

Nie mehr Hängebäckchen

Wie muss die Übung ausgeführt werden?

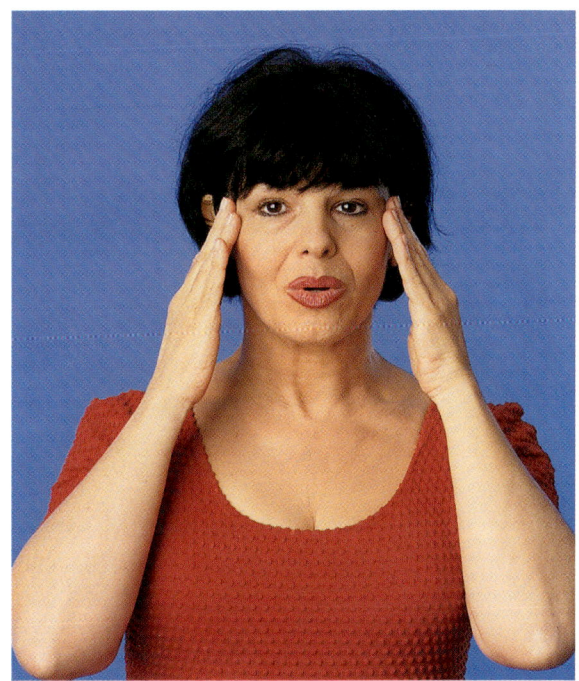 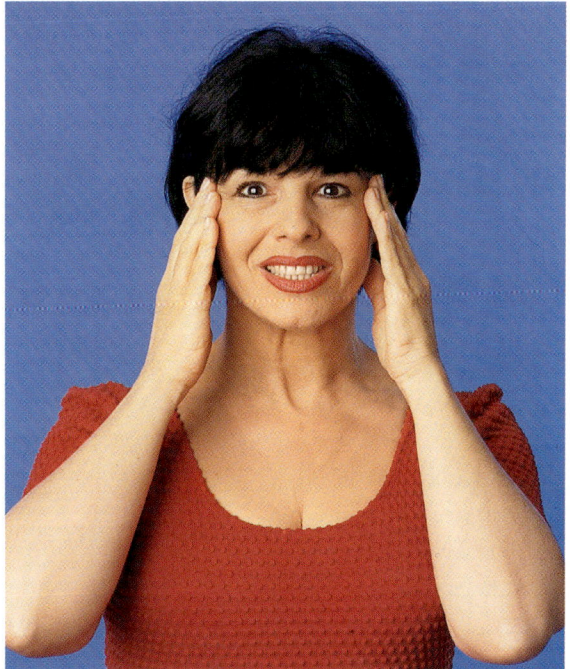

Ausgangsposition
Lächeln Sie sich im Spiegel freundlich an, und versuchen Sie dabei gleichzeitig ein »O« mit den Lippen zu formen.

Dauerregeneration
Nach der 10. Woche in langsamem Rhythmus üben:
- 5 Sekunden Anspannung
- 3 Sekunden Entspannung
- 3-mal pro Woche

Übung
1. Legen Sie Ihre Finger mit nach oben gerichteten Spitzen an die Schläfen, so, wie Sie es auf den Fotos sehen.
2. Steigern Sie allmählich, und zwar mit Ihrer ganzen Kraft, die Anspannung der Muskeln der unteren Wangenpartie.
3. Zählen Sie bis 5, und lassen Sie die Muskeln wieder locker.
4. Genießen Sie die Entspannung, und beginnen Sie mit der Übung von neuem.

Übungen für die Wangenpartie

Wer schön sein will, muss lächeln können*****

Was ist Ziel dieser Übung?

Vermeiden Sie austrocknenden Gesichtspuder, wenn Ihre Wangen nicht mehr ganz glatt sind. Er setzt sich in den Fältchen ab und lässt die Haut matt und runzlig wirken. Besser ist eine leichte, halbtransparente Grundierung.

Diese Übung mit fünf Sternen wird dazu beitragen, dass Ihre Wangen wieder rund und prall werden. Diese Gesichtspartie trägt ganz wesentlich zu einem jugendlichen Gesamteindruck bei.

Was bringt diese Übung?

Selbst wenn schon kleine Fältchen im oberen Teil Ihrer Wangen sichtbar sind, so werden sie gemildert und verschwinden sogar. Die Haut Ihrer Wangen wird ihre ganze Elastizität wiedergewinnen. Die Übung ist deswegen so wichtig, weil sie mehrere Gesichtspartien gleichzeitig arbeiten lässt. Wenn Sie diese Übung regelmäßig machen, so werden Sie nach und nach feststellen, dass Ihr Gesicht einen strahlenden Ausdruck bekommt. Vergessen Sie daher niemals: Wer schön sein will, muss lächeln können!

Das Tempo

Wenn Sie den beschriebenen Bewegungsablauf beherrschen, steigern Sie Ihr Tempo. Die Zeit der Anspannungsphase sollte nun nur zwei Sekunden dauern, und die der Entspannungszeit ist auf eine Sekunde begrenzt. Während dieser Intensivphase können Sie die Anzahl der Übungen auf das Dreifache steigern.

Die ersten zehn Wochen

Intensivphase, 2 Sekunden Anspannung, 1 Sekunde Entspannung
Während der anschließenden Phase der Dauerregeneration genügt ein Rhythmus von 5 Sekunden Anspannung und etwa 3 Sekunden Entspannung, für eine Dauer von 5 Minuten, 3-mal pro Woche.

Immer freundlich lächeln

Wie muss die Übung ausgeführt werden?

Ausgangsposition
Stellen Sie sich entspannt hin, und legen Sie Ihre Finger – wie auf dem Foto gezeigt – an Mund- und Augenwinkel.

Dauerregeneration
Nach der 10. Woche in langsamem Rhythmus üben:
- 5 Sekunden Anspannung
- 3 Sekunden Entspannung
- 3-mal pro Woche

Übung
1. Jetzt lächeln Sie bitte mit all Ihrer Kraft. Die Finger unterstützen die Übung.
2. Steigern Sie allmählich, und zwar mit Ihrer ganzen Kraft, die Spannung Ihrer Wangenmuskeln.
3. In der höchsten Anspannung halten, langsam bis 5 zählen und anschließend wieder locker lassen.
4. Genießen Sie die Entspannung, und wiederholen Sie die Übung.

Übungen für die Wangenpartie

Der Hamster***

Was ist Ziel dieser Übung?

Diese Übung mit drei Sternen wird die untere Partie Ihrer Wangen verbessern und stärken. Sie müssen dabei darauf achten, wirklich die Muskeln in Ihren Wangen, die von den Mundwinkeln schräg zu den Ohren verlaufen, anzuspannen und nicht etwa nur die Lippen angestrengt zu verziehen.

Was bringt diese Übung?

Die Konturen Ihrer unteren Wangenpartie werden schön abgerundet und wirken knackig wie bei jungen Frauen. Sie werden merken, dass bei ausdauerndem Üben Ihr Gesicht recht schnell frischer und ausdrucksvoller wirkt. Ähnlich wie sich bei Balletttänzerinnen das regelmäßige Training auf die ganze Körperhaltung auswirkt, wird durch den kontrollierten Einsatz von Gesichtsmuskeln deren Spannung auch im Ruhezustand erhöht.

Das Tempo

Wenn Sie den beschriebenen Bewegungsablauf beherrschen, steigern Sie Ihr Tempo. Die Anspannungsphase sollte nun nur zwei Sekunden dauern, und die Entspannungszeit ist auf eine Sekunde begrenzt. Während dieser Intensivphase können Sie die Anzahl der Übungen verdreifachen.

Die ersten zehn Wochen

Intensivphase, 2 Sekunden Anspannung, 1 Sekunde Entspannung
In der Phase der Dauerregeneration genügt ein Rhythmus von 5 Sekunden Anspannung und etwa 3 Sekunden Entspannung, 5-mal hintereinander, 3-mal pro Woche.

Mit einem weichen Gesichtsbürstchen können Sie die Durchblutung der Wangen anregen und abgestorbene Hautschüppchen entfernen. Massieren Sie dazu 2-mal wöchentlich eine milde Waschcreme mit dem angefeuchteten Bürstchen in sanft kreisenden Bewegungen ein. Mit reichlich lauwarmem Wasser nachspülen.

Wieder knackig wie ein Apfel

Wie muss die Übung ausgeführt werden?

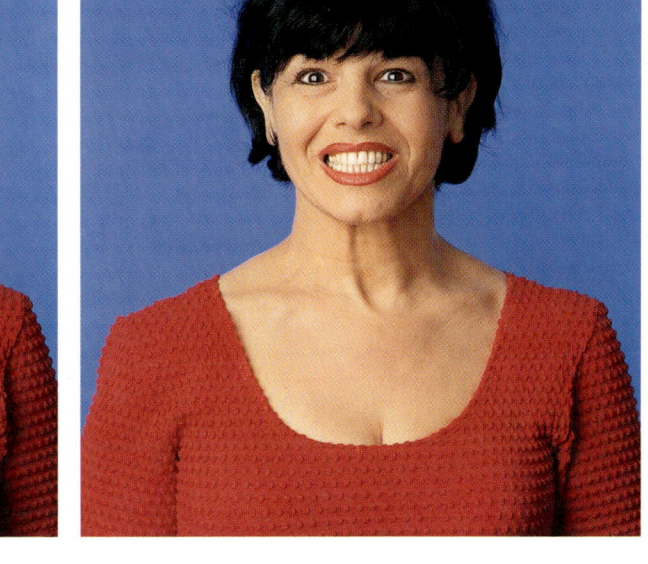

Ausgangsposition
Stellen Sie sich entspannt hin, und öffnen Sie den Mund leicht. Halten Sie den Kopf dabei gerade und die Schultern locker.

Dauerregeneration
Nach der 10. Woche in langsamem Rhythmus üben:
- 5 Sekunden Anspannung
- 3 Sekunden Entspannung
- 3-mal pro Woche

Übung
1. Sagen Sie laut und deutlich »A«, und versuchen Sie dabei den Mund zu schließen. Sie werden spüren, wie sich dabei Ihre Wangenmuskeln anspannen.
2. Steigern Sie allmählich, und zwar mit Ihrer ganzen Kraft, die Anspannung der Muskeln der unteren Wangenpartie.
3. Zählen Sie bis 5, und lassen Sie dann los.
4. Kurze Entspannung, dann beginnen Sie mit der Übung von neuem.

Übungen für die Wangenpartie

Das »I«***

Was ist Ziel dieser Übung?

Diese Übung mit drei Sternen wird die untere Partie Ihrer Wangen stärken. Besonders neigen großflächige Gesichter mit vollen Wangen zur Ausprägung der hässlichen Hamsterbacken. Wenn Sie von dieser Gesichtsform betroffen sind, haben Sie aber auch einen Vorteil: Sie entwickeln nicht so früh Falten an den Wangen wie Frauen mit schmalen Gesichtern. Und gegen das Absacken der Konturen können Sie schließlich mit ein paar Minuten Self-Lifting-Übungen pro Tag wirkungsvoll etwas tun.

Besonders in den ersten Wochen sollten Sie die Self-Lifting-Übungen stets vor dem Spiegel machen, um die Muskelbewegungen zu kontrollieren. Binden Sie dazu Ihr Haar zurück, damit Sie nichts vom Gesicht ablenkt.

Was bringt diese Übung?

Diese Übung stellt einen wichtigen Eckpfeiler unseres Programms dar: Festigkeit, Elastizität, Straffheit und eine überzeugende Ausstrahlung sind das Ergebnis.

Das Tempo

Wenn Sie den beschriebenen Bewegungsablauf beherrschen, steigern Sie Ihr Tempo. Die Anspannungsphase sollte nun nur zwei Sekunden dauern, und die Entspannungszeit ist auf eine Sekunde begrenzt. In der Intensivphase können Sie die Anzahl der Bewegungsabläufe verdreifachen.

Die ersten zehn Wochen

Intensivphase, 2 Sekunden Anspannung, 1 Sekunde Entspannung
In der Phase der Dauerregeneration, die auf eine Langzeitbehandlung ausgelegt ist, genügt ein Rhythmus von 5 Sekunden Anspannung und etwa 3 Sekunden Entspannung, 5-mal hintereinander, 3-mal pro Woche.

Macht straff aus schlaff

Wie muss die Übung ausgeführt werden?

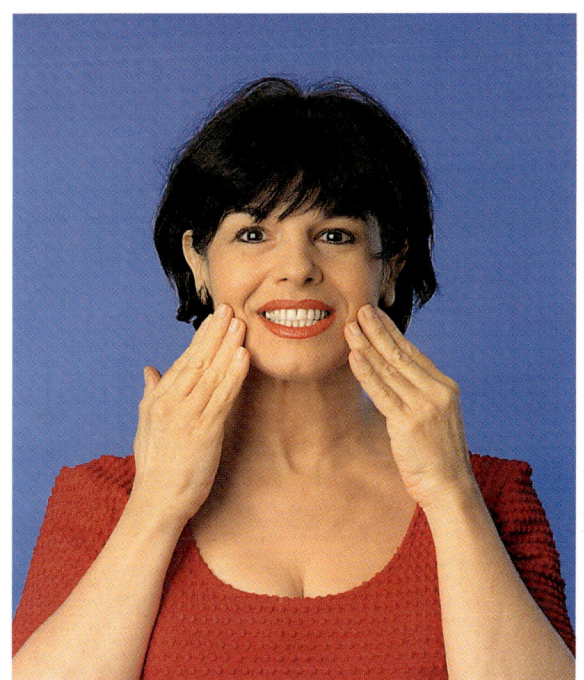

Ausgangsposition
Setzen Sie sich entspannt hin, und legen Sie die Finger beider Hände – wie auf dem Foto – an die Mundwinkel an.

Dauerregeneration
Nach der 10. Woche in langsamem Rhythmus üben:
- 5 Sekunden Anspannung
- 3 Sekunden Entspannung
- 3-mal pro Woche

Übung
1. Sagen Sie jetzt laut und überdeutlich den Vokal »I«, die Finger bleiben dabei ohne Druck an den Mundwinkeln.
2. Steigern Sie allmählich, und zwar mit Ihrer ganzen Kraft, die Spannung der Muskeln der unteren Wangenpartie.
3. Zählen Sie bis 5, und lassen Sie die Muskeln wieder locker.
4. Entspannen Sie kurz, und beginnen Sie dann mit der Übung von neuem.

Übungen für die Augenpartie

Der Chinese*****

Ausgeprägte Tränensäcke können auch durch eine Verstopfung des Tränen-Nasen-Gangs entstehen. Dies führt zu chronischer Entzündung und dauernder Schwellung der unteren Augenpartie. Lassen Sie sich in diesem Fall von Ihrem Arzt beraten.

Was ist Ziel dieser Übung?

Diese sehr wichtige Übung ermöglicht Ihnen, die Falten unter den Augen zu mildern und sorgt dafür, dass sich Tränensäcke, die sich gerade bilden wollen oder sogar schon vorhanden sind, zurückbilden.

Was bringt diese Übung?

Sie werden bald nur noch verminderte oder keine Tränensäcke mehr unter den Augen haben. Diese empfindlichen Partien gewinnen so rasch ihr jugendliches Aussehen zurück. Sie werden sehen.

Das Tempo

Wenn Sie den beschriebenen Bewegungsablauf beherrschen, steigern Sie Ihr Tempo. Die Anspannungsphase sollte nun nur zwei Sekunden dauern, und die Entspannungszeit ist auf eine Sekunde begrenzt. So können Sie das Trainingsquantum verdreifachen.

Die ersten zehn Wochen

Intensivphase, 2 Sekunden Anspannung, 1 Sekunde Entspannung
In der Phase der Dauerregeneration genügt ein Rhythmus von 5 Sekunden Anspannung und etwa 3 Sekunden Entspannung, 5-mal hintereinander, 3-mal pro Woche.

Gegen Tränensäcke

Wie muss die Übung ausgeführt werden?

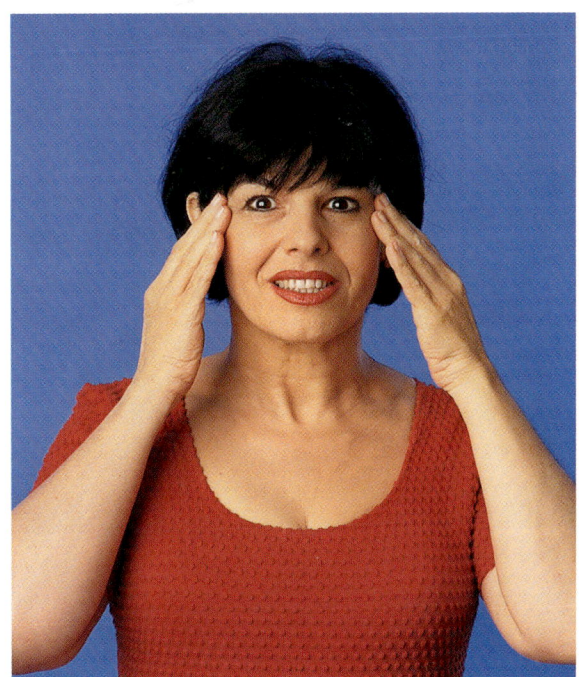 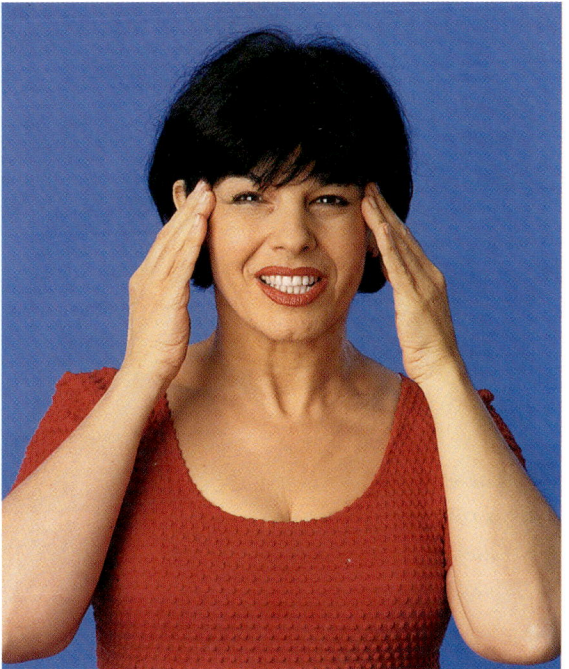

Ausgangsposition
Schließen Sie zunächst die Augen, und legen Sie die Finger seitlich an die Schläfen. Lassen Sie die Stirn dabei glatt und entspannt.

Dauerregeneration
Nach der 10. Woche in langsamem Rhythmus üben:
- 5 Sekunden Anspannung
- 3 Sekunden Entspannung
- 3-mal pro Woche

Übung
1. Öffnen Sie die Augen jetzt einen kleinen Spalt – wie beim Blinzeln.
2. Steigern Sie allmählich und mit Ihrer ganzen Kraft die Anspannung der Augenmuskeln.
3. Zählen Sie langsam bis 5, und lassen Sie die Muskeln wieder locker.
4. Sie spüren eine gewisse Entspannung. Genießen Sie diese kurz, und beginnen Sie mit der Übung von neuem.

Übungen für die Augenpartie

Die Schildkröte*****

»Der Wangen Zier verbleichet, der Augen Feuer weichet ...« – dieser von den Barockdichtern immer wieder beschworene Alterungs- und Verfallsprozess sollte zu ernster Besinnung und Abkehr von weltlicher Eitelkeit mahnen. Aber die Augen als Spiegel der Seele können durchaus auch im Alter ihre Ausdruckskraft bewahren.

Was ist Ziel dieser Übung?

Diese einfache Übung mit fünf Sternen hilft Ihnen, Krähenfüße zum Verschwinden zu bringen und gleichzeitig die Schläfen zu straffen. Günstig wirkt diese Übung auch, wenn Sie zu leichten Schwellungen unter den Augen neigen.

Was bringt diese Übung?

Nie wieder Krähenfüße! Diese Übung wird Ihrem Gesicht Straffheit und jugendliche Ausstrahlung zurückgeben. Vergessen Sie nur nicht, dass erst regelmäßiges Üben Sie diesem Ziel näher bringt. Es ist nicht so schlimm, wenn Sie das Programm einmal etwas abkürzen und einige Übungen auslassen. Dafür sollten Sie aber in den ersten zehn Wochen wirklich täglich Ihre Gesichtsmuskeln trainieren, statt zu versuchen, durch gelegentliche Marathonprogramme Versäumtes wieder aufzuholen.

Das Tempo

Wenn Sie den beschriebenen Bewegungsablauf beherrschen, steigern Sie Ihr Tempo. Die Anspannungsphase sollte nun nur zwei Sekunden dauern, und die Entspannungszeit ist auf eine Sekunde begrenzt. Während dieser Intensivphase können Sie die Anzahl der Bewegungsabläufe verdreifachen.

Die ersten zehn Wochen
Intensivphase, 2 Sekunden Anspannung, 1 Sekunde Entspannung
In der Phase der Dauerregeneration genügt ein Rhythmus von 5 Sekunden Anspannung und etwa 3 Sekunden Entspannung, 5-mal hintereinander, 3-mal pro Woche.

Mildert Krähenfüße

Wie muss die Übung ausgeführt werden?

 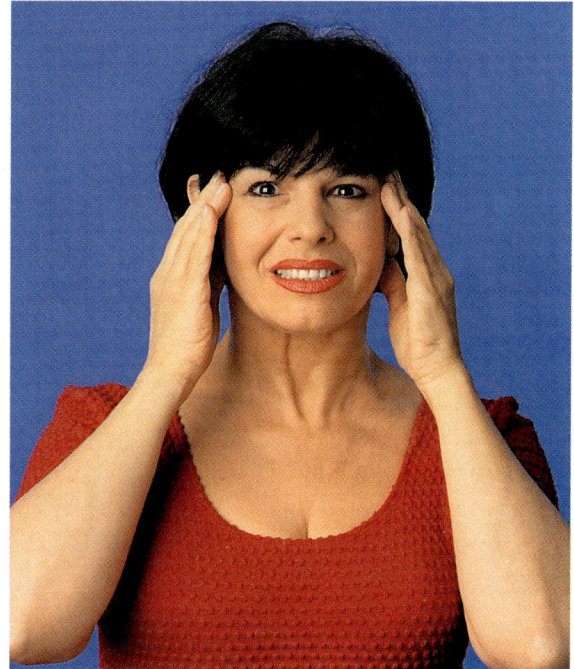

Ausgangsposition
Öffnen Sie den Mund leicht, und spannen Sie dabei die Kinnmuskeln an. Kontrollieren Sie Ihre Haltung im Spiegel.

Dauerregeneration
Nach der 10. Woche in langsamem Rhythmus üben:
- 5 Sekunden Anspannung
- 3 Sekunden Entspannung
- 3-mal pro Woche

Übung
1. Lassen Sie die Kinnmuskeln in Spannung, und legen Sie Ihre Finger an die Schläfen.
2. Steigern Sie allmählich die Anspannung der Schläfenmuskeln.
3. Am Höhepunkt der Muskelanspannung zählen Sie bis 5, dann lassen Sie los.
4. Kurze Entspannungsphase, dann beginnen Sie mit der Übung von neuem. Sie beherrschen diese Übung dann perfekt, wenn Ihre Ohren den Muskelbewegungen folgen.

Übungen für die Augenpartie

Dornröschen****

Was ist Ziel dieser Übung?

Diese Übung mit fünf Sternen ist sehr einfach auszuführen, hilft schlaffe Augenlider sanft zu liften und sorgt wieder für strahlende Blicke.

Was bringt diese Übung?

Sie werden mit dieser Übung wieder glatte und feste Augenlider erhalten – so, wie Sie sich von älteren Fotos kennen und mögen.

Das Tempo

Wenn Sie den beschriebenen Bewegungsablauf beherrschen, steigern Sie Ihr Tempo. Die Anspannungsphase sollte nun nur zwei Sekunden dauern, und die Entspannungszeit ist auf eine Sekunde begrenzt. Während dieser Intensivphase können Sie die Anzahl der Bewegungsabläufe verdreifachen.

Die ersten zehn Wochen
Intensivphase, 2 Sekunden Anspannung, 1 Sekunde Entspannung
In der Phase der Dauerregeneration genügt ein Rhythmus von 5 Sekunden Anspannung und etwa 3 Sekunden Entspannung, 5-mal hintereinander, 3-mal pro Woche.

Tipp Die Haut um die Augen herum ist viel dünner und empfindlicher als die anderer Gesichtspartien. Knitterfältchen entstehen leicht durch häufiges Blinzeln oder die Gewohnheit, die Wange in die Hand zu stützen und die Haut dabei ziehharmonikaartig zusammenzuschieben. Sparen Sie nicht an einer guten Sonnenbrille, und lernen Sie, den Kopf allein durch die Halsmuskeln aufrecht zu tragen.

Bei nicht mehr ganz glatten Lidern betont man die Augen besser mit etwas Kajal, cremigem Lidschatten in sanften Naturtönen und Wimperntusche. Lidstriche wirken leicht hart und sind bei faltiger Haut nur schwer zu ziehen, während Puderlidschatten sich absetzen und die Runzeln optisch verstärken kann.

Wie muss die Übung ausgeführt werden?

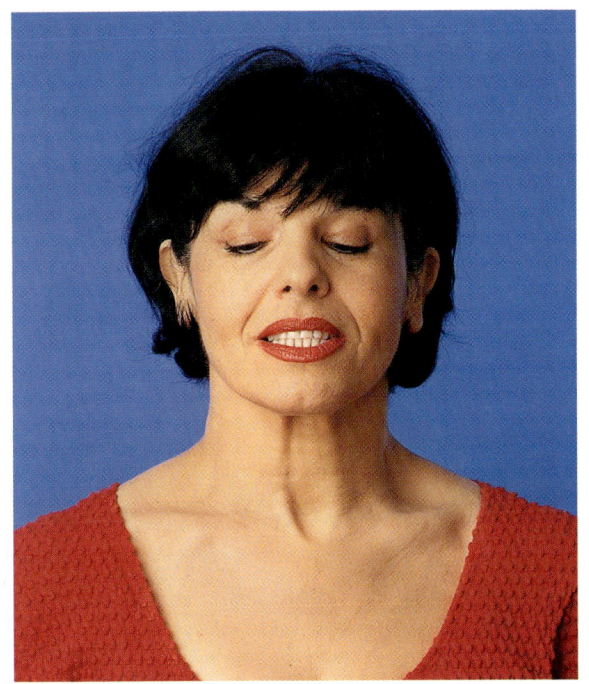

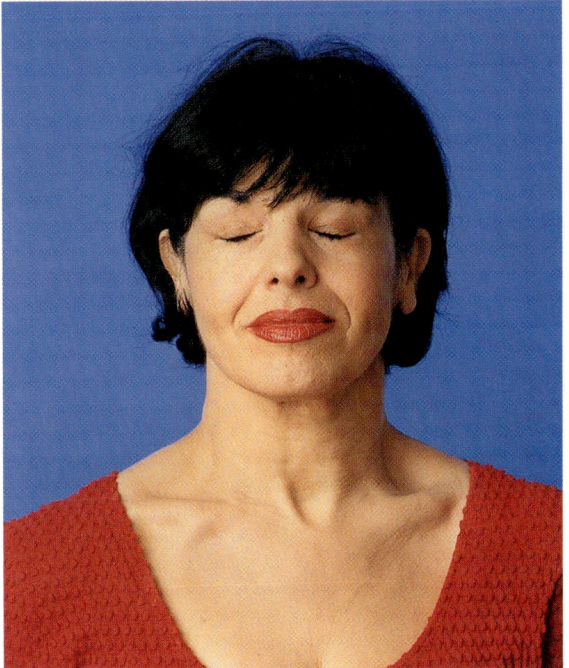

Ausgangsposition
Setzen Sie sich entspannt auf einen Stuhl, und schließen Sie die Augen. Lassen Sie zunächst die Gesichtsmuskeln locker.

Dauerregeneration
Nach der 10. Woche in langsamem Rhythmus üben:
- 5 Sekunden Anspannung
- 3 Sekunden Entspannung
- 3-mal pro Woche

Übung
1. Jetzt schließen Sie die Augen mit etwas mehr Druck. Sie spüren dabei, wie sich Ihre Augenlider anspannen.
2. Steigern Sie allmählich und dann mit Ihrer ganzen Kraft die Anspannung der Augenlidmuskeln.
3. Auf dem Höhepunkt der Muskelanspannung zählen Sie bis 5, dann lassen Sie los.
4. Genießen Sie die Entspannung, und beginnen Sie mit der Übung von neuem.

Übungen für die Augenpartie

Der Uhu****

Sie können die Self-Lifting-Übungen im Sitzen oder im Stehen durchführen. Halten Sie die Wirbelsäule dabei ganz gerade und den Kopf aufrecht. Lassen Sie die Schultern fallen, und drücken Sie im Stehen nicht die Knie durch.

Was ist Ziel dieser Übung?

Diese Übung mit vier Sternen stärkt die ringförmigen Muskeln um die Augen. Ihr Blick wird wieder wacher und strahlender erscheinen. Besonders wichtig ist diese Übung auch für Frauen, die viel vor dem Computerbildschirm sitzen. Die Augen ermüden nicht so schnell, wenn die Muskeln dieser Partie gut trainiert sind. Zusätzlich sollten Sie immer mal wieder den Blick bewusst auf ein weiter entferntes Ziel richten und ein paarmal mit den Lidern klappern, weil sich durch das konzentrierte Starren der Lidschlag verlangsamt.

Was bringt diese Übung?

Vergessen Sie nicht, dass ein strahlender Blick eine Trumpfkarte in Ihrer natürlichen Wirkung auf andere darstellt. Diese Übung trägt nicht nur dazu bei, die Muskeln um die Augen zu stärken, sondern auch die Ausstrahlung Ihrer Augen zu verschönern.

Das Tempo

Wenn Sie den beschriebenen Bewegungsablauf beherrschen, steigern Sie Ihr Tempo. Die Anspannungsphase sollte nun nur zwei Sekunden dauern, und die Entspannungszeit ist auf eine Sekunde begrenzt. Während dieser schnellen Phase können Sie die Anzahl der Bewegungsabläufe verdreifachen.

Die ersten zehn Wochen

Intensivphase, 2 Sekunden Anspannung, 1 Sekunde Entspannung
In der Phase der Dauerregeneration genügt ein Rhythmus von 5 Sekunden Anspannung und etwa 3 Sekunden Entspannung, 5-mal hintereinander, 3-mal pro Woche.

Für einen strahlenden Blick

Wie muss die Übung ausgeführt werden?

 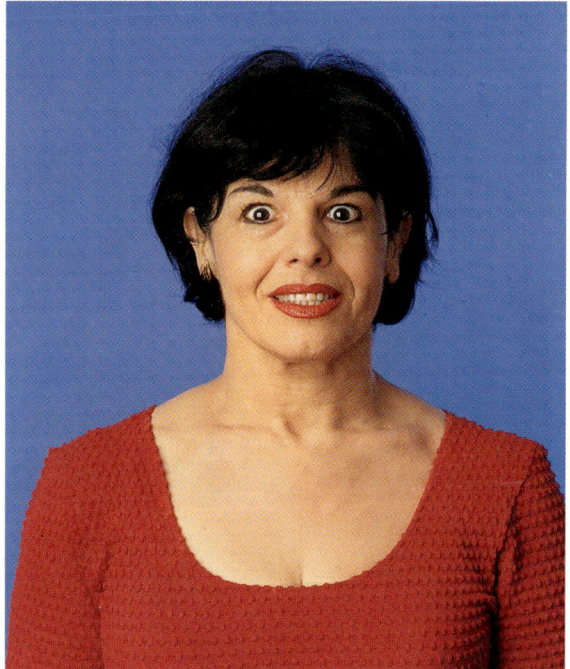

Ausgangsposition
Stellen Sie sich bequem hin, und öffnen Sie die Augen zunächst ganz normal. Runzeln Sie dabei nicht die Stirn.

Dauerregeneration
Nach der 10. Woche in langsamem Rhythmus üben:
- 5 Sekunden Anspannung
- 3 Sekunden Entspannung
- 3-mal pro Woche

Übung
1. Jetzt öffnen Sie die Augen so weit, bis das Weiße über der Pupille erscheint.
2. Steigern Sie allmählich mit Ihrer ganzen Kraft die Anspannung der Muskeln um die Augen.
3. Auf dem Höhepunkt der Muskelspannung zählen Sie bis 5, dann lassen Sie die Muskeln wieder locker.
4. Entspannen Sie Ihre Augen kurz, und beginnen Sie dann mit der Übung von neuem.

Übungen für die Augenpartie

Das Chamäleon I****

Was ist Ziel dieser Übung?

Diese Übung ist nur effektiv, wenn Sie den Kopf nicht in die jeweilige Blickrichtung drehen, sondern ganz starr aufrecht und das Gesicht frontal zum Spiegel halten. Nur die Augäpfel sollen sich bewegen.

Diese Übung mit vier Sternen trägt dazu bei, Ihren Blick zu verschönern. Ausdrucksvolle, strahlende Augen beherrschen das Gesicht und überspielen manch andere Unvollkommenheiten wirkungsvoll.

Was bringt diese Übung?

Ihre Augen bekommen wieder diesen gewissen Glanz und ein schönes Strahlen.

Das Tempo

Wenn Sie den beschriebenen Bewegungsablauf beherrschen, steigern Sie Ihr Tempo. Die Anspannungsphase dauert nun nur zwei Sekunden, und die Entspannungszeit ist auf eine Sekunde begrenzt. Während dieser schnellen Phase können Sie die Anzahl der Bewegungsabläufe verdreifachen.

Die ersten zehn Wochen
Intensivphase, 2 Sekunden Anspannung, 1 Sekunde Entspannung
In der Phase der Dauerregeneration genügt ein Rhythmus von 5 Sekunden Anspannung und etwa 3 Sekunden Entspannung, 5-mal hintereinander, 3-mal pro Woche.

Tipp Gerötete Bindehäute durch Staub oder Allergien oder dunkle Schatten unter den Augen durch Überanstrengung lassen den ganzen Gesichtsausdruck müde oder kränklich wirken. Legen Sie öfter einmal eine Kompresse auf die Augen, um diese Partie zu erfrischen. Gut geeignet sind dazu Teebeutel mit Pfefferminz- oder Kamillentee, die Sie kurz in heißes Wasser tauchen und für 10 Minuten auflegen.

Die Blickrichtung wechseln

Wie muss die Übung ausgeführt werden?

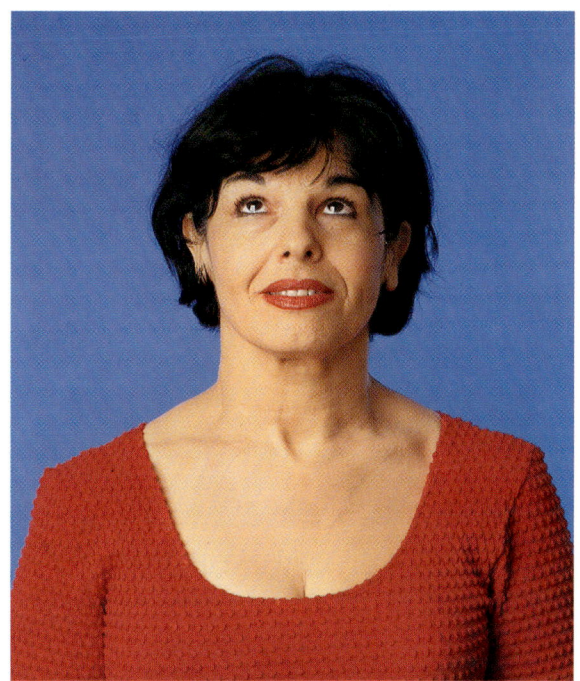

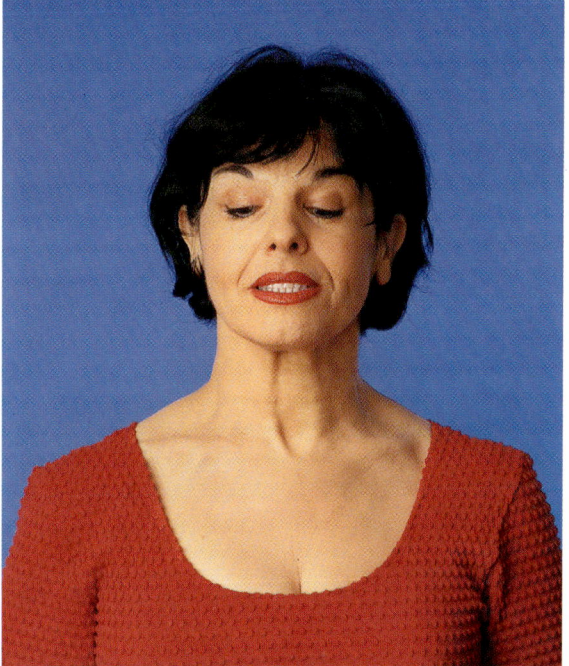

Ausgangsposition
Stellen Sie sich gerade und entspannt hin. Schauen Sie nach oben. Halten Sie den Nacken dabei ganz gerade.

Dauerregeneration
Nach der 10. Woche in langsamem Rhythmus üben:
- 5 Sekunden Anspannung
- 3 Sekunden Entspannung
- 3-mal pro Woche

Übung
1. Schauen Sie nach unten, ohne den Kopf dabei zu bewegen. Sie sollten die Bewegung Ihrer Wangen kräftig spüren.
2. Steigern Sie allmählich mit Ihrer ganzen Kraft die Anspannung der Augenmuskeln.
3. Auf dem Höhepunkt der Muskelanspannung zählen Sie bis 5, dann lassen Sie alle Gesichtsmuskeln wieder ganz locker.
4. Entspannen Sie kurz und beginnen dann mit der Übung von neuem.

Übungen für die Augenpartie

Das Chamäleon II****

Was ist Ziel dieser Übung?

Spezielle Augencremes sollten rasch einziehen und nicht zu fetthaltig sein. Sie wandern sonst leicht durch die feinen Hautlinien ins Auge und können dort Bindehautreizungen verursachen.

Diese Übung trägt ebenfalls dazu bei, Ihren Blick zu verschönern. Führen Sie sie immer wieder zwischendurch aus, wenn Sie sich unbeobachtet fühlen. Sie können die Übung leicht abwandeln, indem Sie versuchen, möglichst viel in Ihrem Gesichtsfeld durch Augenbewegungen wahrzunehmen. Dabei müssen Sie den Kopf möglichst gerade halten und nicht in die Blickrichtung drehen.

Was bringt diese Übung?

Ihre Augen werden strahlen und Jugendlichkeit signalisieren.

Das Tempo

Wenn Sie den beschriebenen Bewegungsablauf beherrschen, steigern Sie Ihr Tempo. Die Anspannungsphase sollte nun nur zwei Sekunden dauern, und die Entspannungszeit ist auf eine Sekunde begrenzt. Während dieser Intensivphase können Sie die Anzahl der Bewegungsabläufe verdreifachen.

Die ersten zehn Wochen

Intensivphase, 2 Sekunden Anspannung, 1 Sekunde Entspannung
In der Phase der Dauerregeneration genügt ein Rhythmus von 5 Sekunden Anspannung und etwa 3 Sekunden Entspannung, 5-mal hintereinander, 3-mal pro Woche.

Tipp Sie können den Effekt durch ein geschicktes Augen-Make-up noch steigern. Ein winziger weißer Kajalpunkt, am inneren Augenwinkel aufgetragen, lässt die Augen größer wirken ebenso wie ein heller Lidschatten im inneren Lidwinkel.

Mit den Augen rollen

Wie muss die Übung ausgeführt werden?

 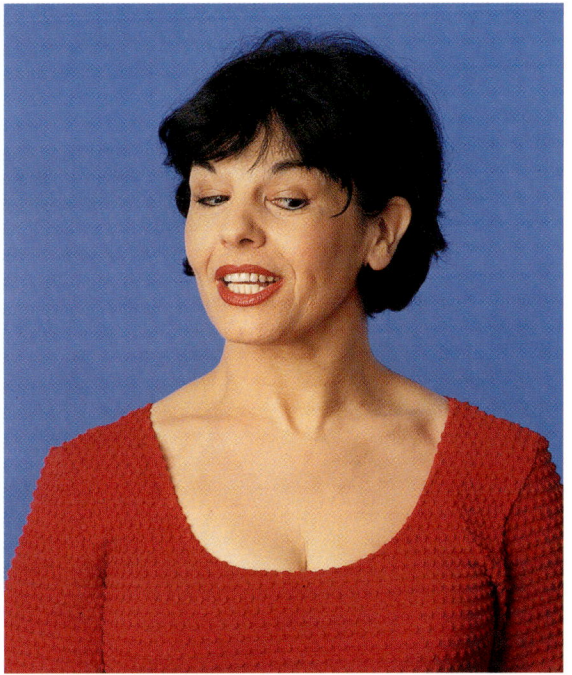

Ausgangsposition
Stellen Sie sich gerade hin, lassen Sie Ihren Blick zunächst nach oben rechts schweifen. Halten Sie den Kopf dabei völlig ruhig.

Dauerregeneration
Nach der 10. Woche in langsamem Rhythmus üben:
- 5 Sekunden Anspannung
- 3 Sekunden Entspannung
- 3-mal pro Woche

Übung
1. Schauen Sie jetzt nach unten links. Machen Sie dasselbe auch umgekehrt, d. h., erst nach oben links und nach unten rechts schauen. Die Augen dabei so viel wie möglich bewegen und den Kopf gerade halten.
2. Steigern Sie allmählich die Anspannung der Augenmuskeln.
3. Zählen Sie bis 5, dann lassen Sie los.
4. Nach kurzer Pause beginnen Sie mit der Übung von neuem.

Übungen für die Stirnpartie

Der Stier I*****

Das Stirnrunzeln ist besonders verbreitet und sogar bei vielen Tieren zu beobachten. Früher klebten sich manche Frauen daheim ein Pflaster über die Nasenwurzel, um diese mimische Gewohnheit loszuwerden. Mit den Self-Lifting-Übungen wird Ihre Mimik nach kurzer Zeit ganz von selbst kontrollierter.

Was ist Ziel dieser Übung?

Diese Übung mit fünf Sternen modelliert die Stirn. Waagrechte Runzelfalten werden gemildert oder ihrer Entstehung vorgebeugt.

Was bringt diese Übung?

Wie der Name schon andeutet, hat diese Übung einen besonders starken Self-Lifting-Effekt. Sie funktioniert wie ein Aufzug! Ihre gesamten Gesichtsmuskeln finden ihre Spannkraft wieder.

Das Tempo

Wenn Sie den beschriebenen Bewegungsablauf beherrschen, steigern Sie Ihr Tempo. Die Anspannung sollte nun nur zwei Sekunden dauern, und die Entspannungszeit ist auf eine Sekunde begrenzt. Während dieser Intensivphase können Sie die Anzahl der Bewegungsabläufe verdreifachen.

Die ersten zehn Wochen

Intensivphase, 2 Sekunden Anspannung, 1 Sekunde Entspannung
In der Phase der Dauerregeneration genügt ein Rhythmus von 5 Sekunden Anspannung und etwa 3 Sekunden Entspannung, 5-mal hintereinander, 3-mal pro Woche.

Sorgenfalten glätten

Wie muss die Übung ausgeführt werden?

Ausgangsposition
Setzen Sie sich entspannt hin, und halten Sie den Kopf gerade. Legen Sie Ihre Zeigefinger über die Augenbrauen.

Dauerregeneration
Nach der 10. Woche in langsamem Rhythmus üben:
- 5 Sekunden Anspannung
- 3 Sekunden Entspannung
- 3-mal pro Woche

Übung
1. Versuchen Sie, die Augenbrauen mit den Fingern nach unten zu ziehen. Gleichzeitig müssen Sie die Stirn kräftig nach oben schieben, ohne die Stirn zu runzeln.
2. Steigern Sie allmählich mit Ihrer ganzen Kraft die Anspannung der Stirnmuskeln.
3. Auf dem Höhepunkt der Muskelanspannung zählen Sie bis 5, dann lassen Sie los.
4. Kurz entspannen, dann beginnen Sie mit der Übung von neuem.

Übungen für die Stirnpartie

Der Stier II****

Was ist Ziel dieser Übung?

Diese Übung mit vier Sternen modelliert ebenfalls die Stirn und stellt eine gute Ergänzung zur Übung Stier I dar. An dieser Gesichtspartie machen sich innere Anspannung, Ärger und Anstrengung besonders bemerkbar, weshalb sich oft auch schon in jungen Jahren die ersten Stirnfalten entwickeln. Zur Vorbeugung empfehlen sich neben den Self-Lifting-Übungen auch sanfte Massagen (siehe Seite 83ff.) und Entspannungsübungen (siehe Seite 92ff.).

Was bringt diese Übung?

Ihre Stirn wird sich entspannen und ihre ganze Elastizität zurückgewinnen. Sie werden sich nach längerem Üben eher bewusst, wenn Sie in manchen Situationen die Stirn runzeln oder die Augenbrauen zusammenziehen. Nach und nach lernen Sie, diese faltenbildenden mimischen Gewohnheiten abzulegen.

Das Tempo

Wenn Sie den beschriebenen Bewegungsablauf beherrschen, steigern Sie Ihr Tempo. Die Anspannungszeit sollte nun nur zwei Sekunden dauern, und die Entspannungszeit ist auf eine Sekunde begrenzt. Während dieser Intensivphase können Sie die Anzahl der Bewegungsabläufe verdreifachen.

Die ersten zehn Wochen
Intensivphase, 2 Sekunden Anspannung, 1 Sekunde Entspannung
In der Phase der Dauerregeneration genügt ein Rhythmus von 5 Sekunden Anspannung und etwa 3 Sekunden Entspannung, 5-mal hintereinander, 3-mal pro Woche.

Bei dieser Übung ist es wichtig, in der Anspannungsphase nicht die Augenbrauen über der Nasenwurzel zusammenzuziehen und so eine steile Längsfalte zu bilden. Man braucht etwas Übung, um ein Gespür für das Absenken der Brauen zu entwickeln.

Elastizität zurückgewinnen

Wie muss die Übung ausgeführt werden?

Ausgangsposition
Stellen Sie sich entspannt hin, und legen Sie beide Hände an den Haaransatz. Halten Sie Kopf und Nacken dabei gerade.

Dauerregeneration
Nach der 10. Woche in langsamem Rhythmus üben:
- 5 Sekunden Anspannung
- 3 Sekunden Entspannung
- 3-mal pro Woche

Übung
1. Ziehen Sie Ihre Stirn mit beiden Händen nach oben. Versuchen Sie aber gleichzeitig, die Augenbrauen nach unten zu senken.
2. Steigern Sie allmählich die Anspannung der Stirnmuskeln.
3. Auf dem Höhepunkt der Muskelanspannung zählen Sie bis 5, dann lassen Sie los.
4. Kurze Pause, dann beginnen Sie mit der Übung von neuem.

Sanfte Gesichtsmassagen – eine Wohltat

Sie werden erleben, wie sich Ihr Hals und Ihr Gesicht verändern, wenn sie regelmäßig und ganz sanft von Ihren Fingern massiert werden. Gerade nach einem anstrengenden Tag sind die Gesichtszüge oft wie erstarrt in einer Daueranspannung. Die gerunzelte Stirn bei konzentriertem Arbeiten, die permanent freundliche, »auf Empfang« gestellte Miene in sehr kommunikativen Berufen oder die angespannten und dadurch manchmal auch leicht verkrampften Gesichtszüge bei sehr anstrengenden Tätigkeiten – das lässt sich am Abend nicht so einfach automatisch ablegen, wenn man endlich daheim das »eigene« Gesicht machen möchte.

Grundgriffe der Massage sind Streichen, Reiben, Kneten, Walken, Klatschen und Klopfen. Für eine Gesichtsbehandlung kommen ausschließlich sanftes Streichen und zartes Klopfen mit den Fingerspitzen infrage.

Das Resultat sind Falten, die zwar dem Gesicht einen charakteristischen Ausdruck geben, auf die man aber doch in solch deutlicher Ausprägung lieber verzichten würde.

Die Hautfunktionen anregen

Gesichtsmassagen nach der Self-Lifting-Methode entspannen wirksam die Muskeln und sorgen für eine rasche Lockerung von Verkrampfungen um Mund, Augen und Stirn. Sie verbessern die Durchblutung des Gewebes und bringen den gestauten Lymphfluss wieder in Bewegung. Dadurch werden Schlacken schneller abtransportiert und der Teint wirkt frisch und rosig. Ein willkommener Zusatzeffekt: Die Haut wird auch aufnahmebereiter für Pflegeprodukte. Deshalb ist es eine ideale Kombination, am Abend im Anschluss an die Gesichtsmassage eine Maske oder Packung aufzulegen oder aber eine besonders reichhaltige Creme einwirken zu lassen.

Effektive Massagetechnik

Die richtige Durchführung

Bei Körpermassagen wird oft recht heftig geknetet und gewalkt. Bei Massagen des Gesichts kommen diese Methoden natürlich nicht infrage, da das Gewebe viel dünner und empfindlicher ist. Folgende Punkte sollten Sie beachten:

- Benutzen Sie ein Massageöl, um die Haut gleitfähiger zu machen. Besonders pflegend ist eine Mischung aus 50 Milliliter Jojobaöl mit ein bis zwei Tropfen naturreinem ätherischem Rosenöl. Wer es lieber unparfümiert mag: Gut ist auch kaltgepresstes süßes Mandelöl.
- Massiert wird nur ganz sanft streichend oder in kreisenden Bewegungen mit den Fingerspitzen, ohne zu zerren oder zu reiben. Besonders zart und schonend sollten Sie die Partien behandeln, wo die Haut straff über den Knochen gespannt ist. Leichtes Klopfen wirkt anregend und erfrischend.
- Wichtig ist auch die Bewegungsrichtung der Massagegriffe. Als Grundregel gilt, dass im Gesicht stets nach oben und außen massiert wird. Beachten Sie hierfür folgende Abbildung:

Eine sanfte Massage hat immer auch einen psychischen Effekt. Die streichelnden Berührungen tun dem Ego gut und bewirken seelische Entspannung.

Wichtig bei einer Massage ist die Bewegungsrichtung, die immer vom Zentrum nach außen gehen soll.

Wirkungsweise der Selbstmassage

Generell wird durch Massage eine bessere Durchblutung erreicht. Diese erfolgt am stärksten in der unmittelbar behandelten Hautregion, dem Unterhautbindegewebe und den betroffenen Muskeln. Neben dem regenerativen Anwendungsgebiet in der Physiotherapie wird Massage schon seit langem gegen Verspannungen und Verhärtungen der Muskulatur eingesetzt. Da das Bindegewebe in seiner Struktur auf äußeren Druck und Zug reagiert, vermögen die richtigen Massagegriffe die Neubildung bzw. die Regeneration der Gewebesstrukturen formend zu beeinflussen.

Eine jede Massage zielt letztlich auf die Regeneration des Körpers ab und belebt die Selbstheilungskräfte. Nachweislich beeinflusst eine Massage immer die Förderung der Duchblutung, die Entstaung des Venen- und Lymphbereichs, die Regulation des Muskeltonus, die strukturelle Verbesserung der Haut und des Bindegewebes sowie eine psychische Entspannung.

Der Psychische Faktor

Massage ist jedoch nicht nur ein Mittel zu Regeneration verhärteter Muskeln. Parallel dazu kann Massage von Anspannung und damit von Stress und sogar Ängsten befreien. Lässt man diese Wirkung zu, so kann man ein neues Körpergefühl entwickeln, indem man Regionen seines Körpers neu oder sogar erstmalig bewusst spürt. Damit besteht die Möglichkeite, blockierte Energien zu lösen und durch den widerhergestellten Energiefluss in einen entspannten und eventuell sogar neuen, selbstbewussten Zustand zu finden.

Generelles zu Beginn

Vor einer jeden Massage sollten Sie sich stark auf Ihre Atmung konzentrieren. Atmen Sie tief ein und aus. Achten Sie dabei, dass Ihr Rücken gerade ist und die Schulter nach unten hängen. Während einer Massage sollte am Körper nichts verspannt und verkrampft sein. Sollten Sie sich mit den hier beschriebenen Massageübungen noch unsicher fühlen, können Sie die ersten Massagen noch vor dem Spiegel durchführen. Wenn Sie jedoch die Übungen einmal gut kennen, ist es besser die Augen zu schließen, sich ganz auf den Druck Ihrer Finger zu konzentrieren und sich Ihrer Selbstmassage »hinzugeben«.

Für einen glatten Hals

Die Massage der Halspartie****

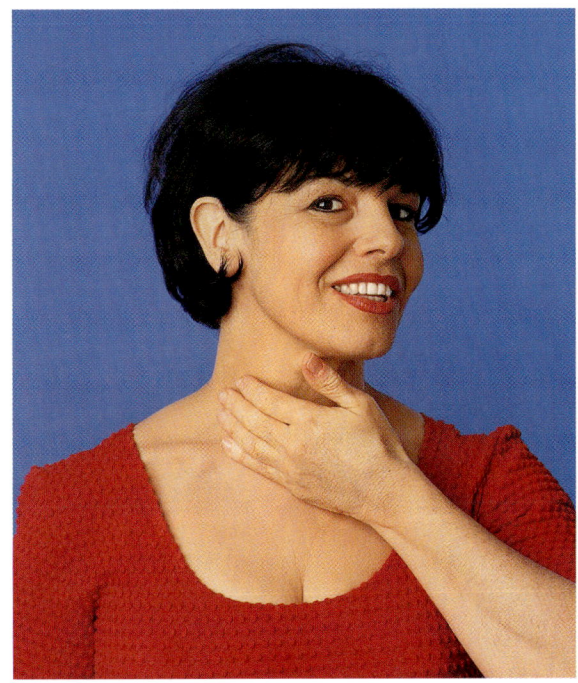 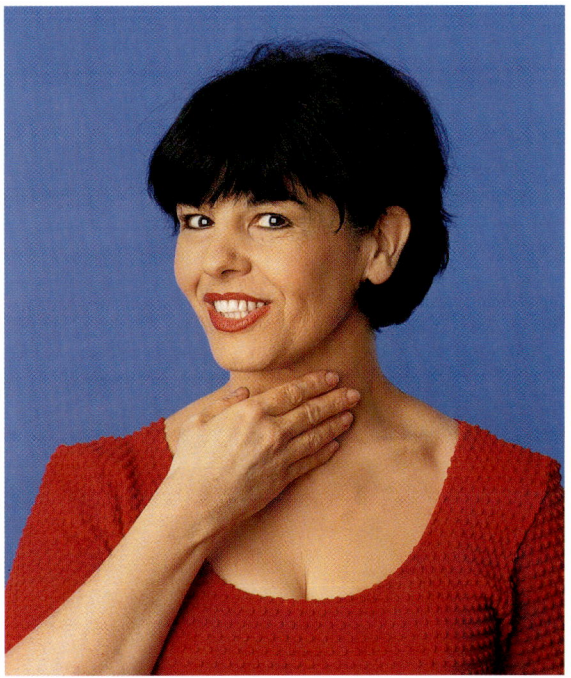

Was ist das Ziel dieser Massage?
Beginnen wir mit dem Hals, denn ihn sollten wir niemals vergessen. Diese Massage mit vier Sternen ist speziell auf die Halspartie abgestimmt.

Was bringt diese Massage?
Ihr Hals wird durch die sanfte Massage attraktiv wie in Ihrer Jugend. Fältchen werden bald sichtbar gemildert und die Haut strafft sich.

Wie wird massiert?
1. Zuerst massieren Sie zart in kreisenden Bewegungen, und zwar mit Ihrer rechten Hand, die linke Halspartie von unten nach oben.
2. Dann massieren Sie mit Ihrer linken Hand auf die gleiche Weise die rechte Halspartie – so, wie Sie es auf den Abbildungen sehen.
3. Wechseln Sie 2- bis 3-mal zwischen den beiden Halsseiten ab.

Sanfte Gesichtsmassagen – eine Wohltat

Die Massage vom Kinn zu den Lippen****

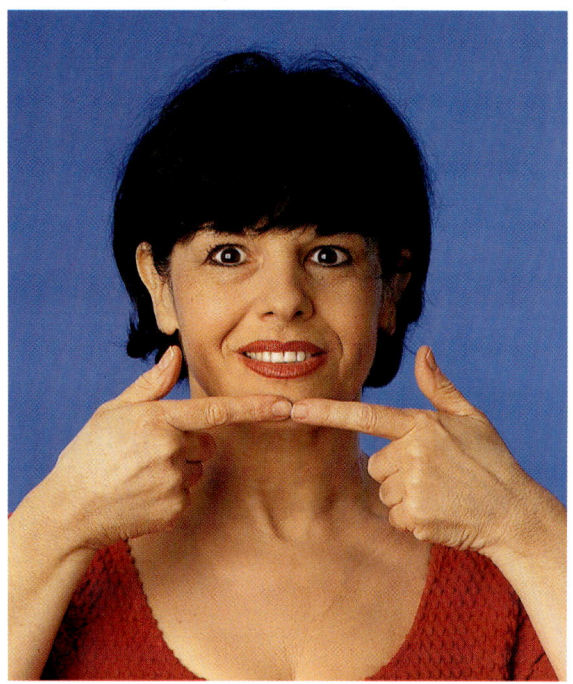 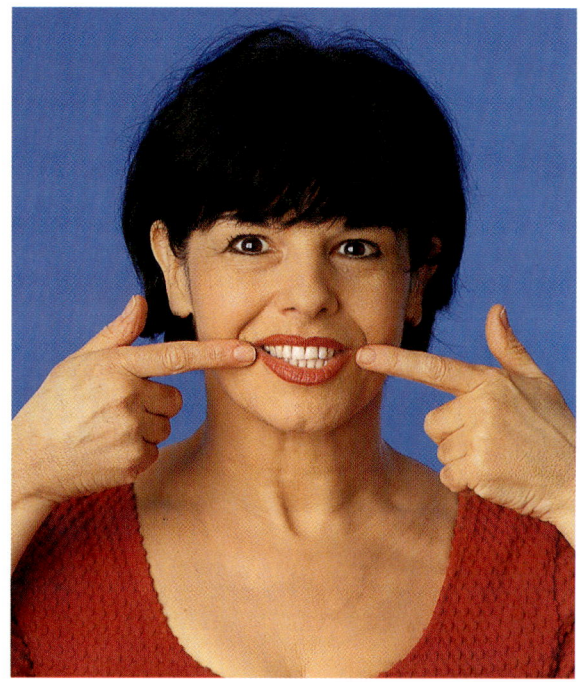

Was ist Ziel dieser Massage?
Diese Massage mit vier Sternen wird die Konturen Ihres Kinns weich und harmonisch modellieren.

Was bringt diese Massage?
Die wohltuende Wirkung wird Sie angenehm überraschen. Außerdem werden Sie bald feststellen, wie sich der ganze Ausdruck Ihres Gesichts positiv verändert, frischer und entspannter wirkt.

Wie wird massiert?
1. Legen Sie Ihre beiden ausgestreckten Zeigefinger rechts und links auf das Kinn, so dass die Fingerspitzen in der Mitte zusammentreffen.
2. Massieren Sie sanft und in kleinen Halbkreisen aufsteigend bis hin zu den Mundwinkeln – so, wie Sie es auf den Abbildungen sehen.
3. Wiederholen Sie diese Bewegungen 3- bis 5-mal.

Gegen sackende Konturen

Die Massage von den Lippen zu den Brauen****

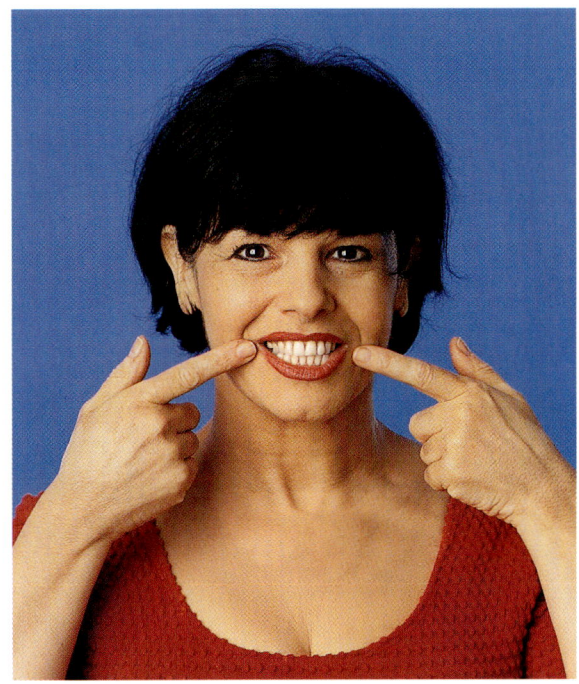
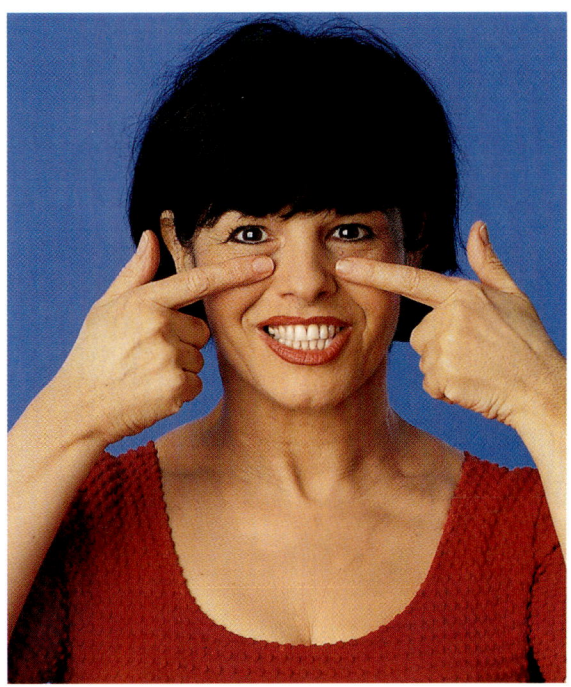

Was ist Ziel dieser Massage?
Diese Massage mit vier Sternen mildert die Nasolabialfalten, d. h. die Falten von den Nasenflügeln zu den Lippen.

Was bringt diese Massage?
Die oft so alt machenden Nasolabialfalten werden flacher und erscheinen weniger ausgeprägt. Ihr Gesicht wirkt dadurch viel glatter und sanfter und nicht so gestresst und strapaziert.

Wie wird massiert?
1. Beginnen Sie die sanfte Massage mit beiden Zeigefingerspitzen an den äußeren Mundwinkeln.
2. Gehen Sie in kreisenden Bewegungen langsam weiter seitlich entlang der Nasenflügel über die inneren Augenwinkel bis zu den Augenbrauen – so, wie Sie es auf den Abbildungen sehen.
3. Wiederholen Sie den Bewegungsablauf 3- bis 5-mal.

Sanfte Gesichtsmassagen – eine Wohltat

Die Massage der Wangen****

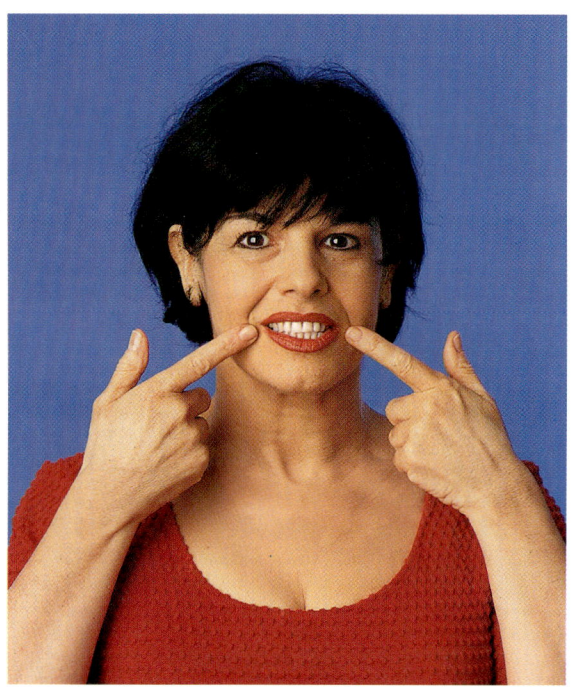 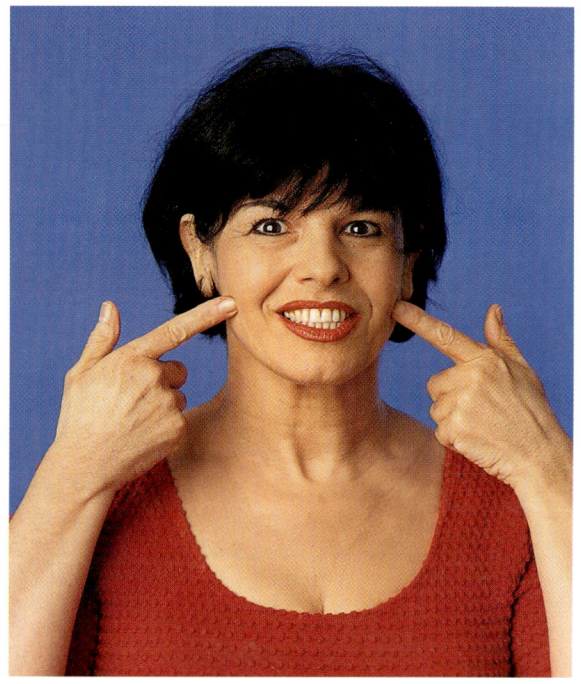

Was ist Ziel dieser Massage?
Diese Massage mit fünf Sternen macht Ihre Wangen schön weich und geschmeidig.

Was bringt diese Massage?
Was muss es für ein Vergnügen für die Wangen sein, Streicheleinheiten zu bekommen. Sie werden Ihr Gesicht bald wieder mögen, weil sich Ihre Wangen in bester Form zeigen, sanft gerundet und doch fest und knackig.

Wie wird massiert?
1. Massieren Sie Ihre Wangen ganz zart und in kleinen Kreisen mit den Fingerspitzen.
2. Legen Sie beide Zeigefinger an die äußeren Mundwinkel an, und bewegen Sie sie langsam aufsteigend bis hin zu den Ohrläppchen – so, wie Sie es auf den Abbildungen sehen.
3. Wiederholen Sie diesen Bewegungsablauf 3- bis 5-mal.

Mimikfalten mildern

Die Massage von der Nase zu den Ohren****

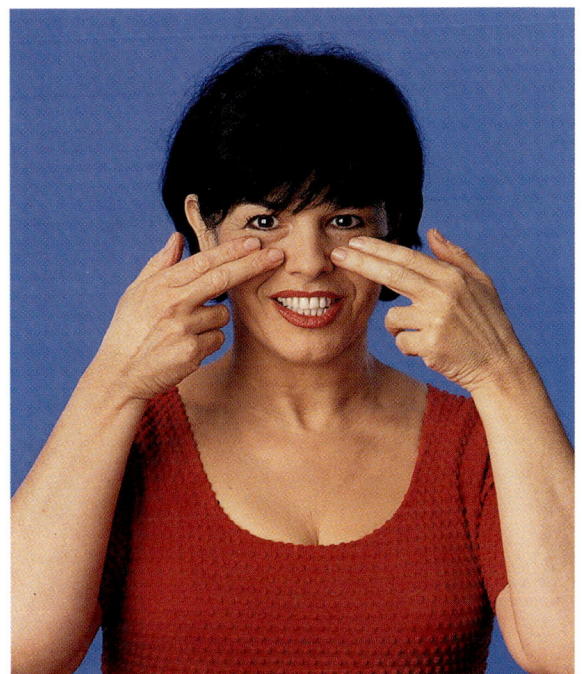 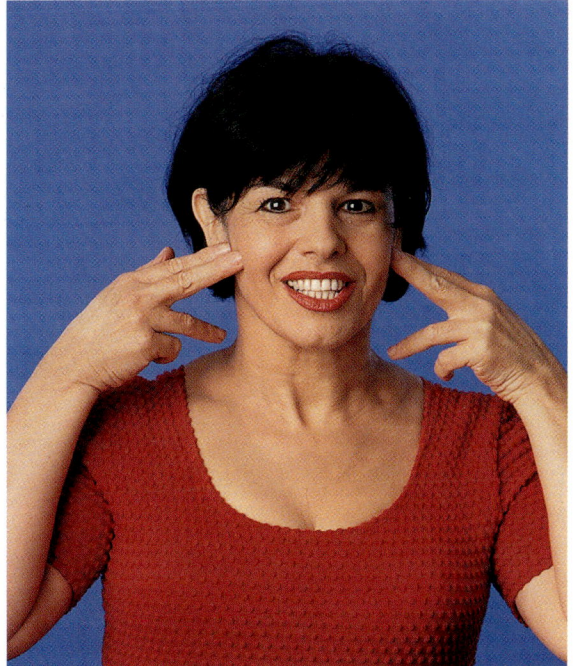

Was ist Ziel dieser Massage?
Diese Massage mit vier Sternen entspannt die Muskeln Ihrer Wangenpartie und gleicht Längsfältchen aus.

Was bringt diese Massage?
Eine solche Massage stellt eine Wohltat für Ihre Wangen dar, die vom Self-Lifting besonders profitieren: Sie werden formschön und straff. Auch die Haut gewinnt an Zartheit und Frische.

Wie wird massiert?
1. Massieren Sie ganz sanft und ohne zu zerren in kleinen Kreisen. Üben Sie dabei nur wenig Druck aus.
2. Legen Sie die Spitzen Ihrer Zeige- und Mittelfinger neben die Nasenflügel und wandern damit langsam seitlich nach außen bis hin zu den Ohren – so, wie Sie es auf den Abbildungen sehen.
3. Wiederholen Sie den Bewegungsablauf 3- bis 5-mal.

Sanfte Gesichtsmassagen – eine Wohltat

Die Massage von der Nase zu den Schläfen*****

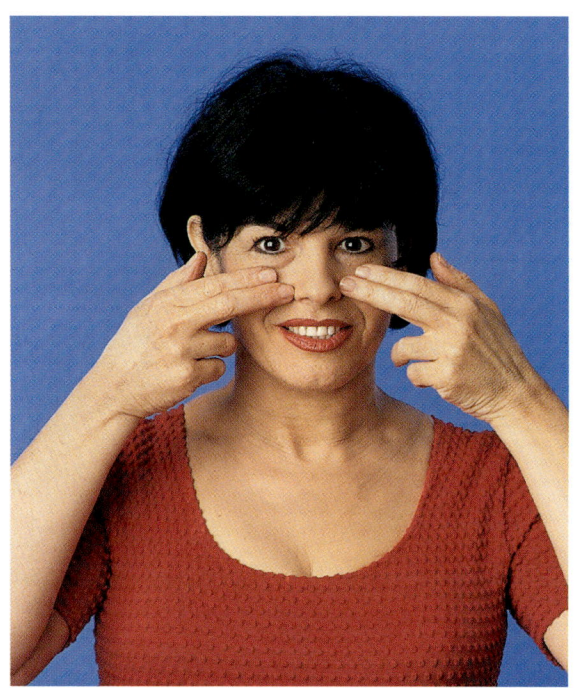 

Was ist Ziel dieser Massage?
Diese Massage mit fünf Sternen verschönt Ihre Wangen durch den muskelstraffenden und hautglättenden Effekt.

Was bringt diese Massage?
Ihre Wangen werden wieder so samtweich und straff wie in Ihrer Jugendzeit. Außerdem hilft diese Übung, leichte Schwellungen der unteren Augenpartie zu mildern, unter denen viele Frauen leiden.

Wie wird massiert?
1. Sie nähern sich mit dieser Massage der besonders zarten Hautpartie unter den Augen – streichen Sie deshalb nur ganz vorsichtig mit den Fingerspitzen aus.
2. Mit Hilfe Ihrer Mittelfinger massieren Sie ausgehend von den Nasenflügeln langsam bis hin zu den Schläfen – so, wie Sie es auf den Abbildungen sehen.
3. Führen Sie diesen Bewegungsablauf 5- bis 10-mal hintereinander aus.

Für einen glatten Augenbogen

Die Massage zwischen den Augenbrauen*****

Was ist Ziel dieser Massage?
Diese Massage mit fünf Sternen trägt dazu bei, die Falten, die bei der Mimik zwischen den Augenbrauen entstehen, abzumildern.

Was bringt diese Massage?
Nach dieser sanften Massage sind Sie entspannt. Die Falten zwischen den Augenbrauen haben keine Chance mehr, sich zu verstärken, sondern werden langsam schwächer und kaum noch sichtbar.

Wie wird massiert?
1. Mit Hilfe eines Fingers der rechten Hand massieren Sie in kleinen Kreisen von der Nasenwurzel ausgehend nach außen bis an das Ende der rechten Augenbraue.
2. Dann massieren Sie ebenso mit einem Finger der linken Hand von der Nasenwurzel bis an das Ende der linken Augenbraue – so, wie Sie es auf den Abbildungen sehen.
3. Wiederholen Sie den Bewegungsablauf auf jeder Seite etwa 5-mal.

Sanfte Gesichtsmassagen – eine Wohltat

Die Massage der Stirn I*****

Was ist Ziel dieser Massage?
Diese Massage mit fünf Sternen entspannt die Stirnpartie vollständig und trägt dazu bei, auch die durch Mimik entstandenen Falten abzumildern.

Was bringt diese Massage?
Sie dürfen sich über eine glatte und straffe Stirnpartie freuen. Die Massage hilft auch bei leichtem Spannungskopfschmerz durch Wetterfühligkeit oder Stress.

Wie wird massiert?
1. Legen Sie die Finger Ihrer linken Hand an Ihre linke Schläfe, und massieren Sie sanft mit der rechten Hand von der linken Stirnseite aus nach rechts.
2. Dann legen Sie die Finger der rechten Hand an die rechte Schläfe und massieren mit der linken Hand von rechts nach links – so, wie Sie es auf den Abbildungen sehen.
3. Wiederholen Sie den Bewegungsablauf 3-mal auf jeder Seite.

Denkfalten ausbügeln

Die Massage der Stirn II****

Was ist Ziel dieser Massage?
Diese Massage mit vier Sternen entspannt die Partie über den Augen und trägt dazu bei, die durch Mimik entstandenen Falten in diesem Bereich abzumildern.

Was bringt diese Massage?
Ihre Stirn wird von Tag zu Tag schöner, glatter und straffer. Das Gesicht bekommt insgesamt dadurch ein entspannteres, jüngeres Aussehen.

Wie wird massiert?
1. Legen Sie beide Zeigefinger über Ihren Augenbrauen auf, so dass die Fingerspitzen direkt oberhalb der Nasenwurzel zusammentreffen.
2. Dann massieren Sie in sanften Kreisen oberhalb der Brauen nach außen hin zu den Schläfen – so, wie Sie es auf den Abbildungen sehen.
3. Wiederholen Sie den Bewegungsablauf 3- bis 5-mal.

Schönheit von innen – die richtige Ernährung

Auch die raffiniertesten Erfindungen der Kosmetikindustrie können nichts daran ändern – die Schönheit unserer Haut wird in erster Linie durch die Ernährung und durch unseren Lebensstil bestimmt. Dabei ist sie gar nicht so sehr anspruchsvoll; ganz normale, überall erhältliche Lebensmittel, die wir möglichst frisch und unverfälscht zu uns nehmen sollten, enthalten – wie auch meine Schönheitskapseln – alles, was die Haut braucht. Wenn Sie zusätzlich zu den Self-Lifting-Übungen und den Gesichtsmassagen auf eine ausgewogene Ernährung mit reichlich hautfreundlichen Vitalstoffen achten, werden Sie den Erfolg bald an Ihrer glatteren, zarteren und gut durchbluteten Haut ablesen können.

Vollwertkost tut nicht nur der Haut gut, sondern verleiht dem ganzen Menschen mehr Spannkraft, Gesundheit und gute Laune. Dafür lohnt es schon, sich etwas näher mit den Inhaltsstoffen unserer Nahrung zu befassen.

Vitamine – die Hautfitmacher

Das Schutzvitamin A

Unerlässlich für eine zarte Haut ist das Vitamin A und seine Vorstufe, das Beta-Karotin. Beide erfüllen wichtige Aufgaben bei der Zellerneuerung. Sie geben den Anstoß für die Hautzellen, sich zu teilen und sorgen so für eine stete Verjüngung der Zellen. Zusätzlich hält Vitamin A die Schutzfunktionen der Haut intakt. Beta-Karotin wirkt als natürlicher Schutz gegen schädliche UV-Strahlung.
Besonders reichlich ist Vitamin A und Beta-Karotin enthalten in:
Gemüse Möhren, Brokkoli, Spinat, Kürbis, Grünkohl, Feldsalat
Obst Aprikosen, Papayas
Tierische Produkte Leber, Milch

Für den Zellaufbau

Vielseitig – die Vitamin-B-Gruppe

Unter dieser Bezeichnung sind eine ganze Reihe von Biostoffen zusammengefasst, die für zahlreiche Körperfunktionen eine große Rolle spielen, insbesondere für den Stoffwechsel und das Nervensystem. Besonders wichtig für Haut, Haar und Nägel sind die Vitamine B5, B6, B9 und das zur selben Familie gehörende Biotin, auch Vitamin H genannt.
- Vitamin B5 (Panthothensäure) ist u. a. zuständig für die Zellregeneration; als Dexpanthenol wird es häufig Kosmetika zugesetzt, weil es Feuchtigkeit in der Haut bindet.
- Vitamin B6 (Pyridoxin) hilft beim Aufbau von Kollagen für das Bindegewebe.
- Vitamin B9 (Folsäure) erfüllt Aufgaben bei der Blutbildung und der Zellteilung und ist deshalb wichtig für die innere Versorgung der Haut mit Nährstoffen aus dem Blut.
- Vitamin H (Biotin) sorgt für einen strahlenden Teint und festes, fülliges Haar. Es reguliert den Fettstoffwechsel der Haut und enthält wichtige Stoffe für den gesunden Aufbau der Hautzellen.

Die Gruppe der B-Vitamine ist in folgenden Nahrungsmitteln besonders üppig vorhanden:
Getreide Vollkornprodukte, Weizenkleie, Naturreis
Tierische Produkte Eigelb, Seefisch, Krabben, Leber, Käse
Nüsse und Samen Erdnüsse, Walnüsse, Sesam, Sonnenblumenkerne

Die Vitamine werden nach ihrer Fett- oder Wasserlöslichkeit unterschieden. Insbesondere die fettlöslichen wie Vitamin A oder E können bei Überdosierung auch unliebsame Nebenwirkungen haben. Deshalb sollten synthetische Vitaminpräparate nur auf Anraten des Arztes eingenommen werden.

Vitamin C gegen freie Radikale

Bekannt sind die stärkenden Kräfte von Vitamin C für das Immunsystem. Es gehört aber auch zu den so genannten Antioxidanzien, die die Hautzellen vor dem Angriff der freien Radikale schützen. Das hitze- und sauerstoffempfindliche Vitamin können wir uns in erster Linie mit Rohkost aus folgenden Gemüse- und Obstarten zuführen:
Gemüse Brokkoli, Paprika, rohes Sauerkraut, Zwiebeln
Obst Kiwis, Erdbeeren, Sanddorn, Zitrusfrüchte

Schutz für die Zellen – Vitamin E

Vitamin E hat in den letzten Jahren eine besonders steile Karriere als Schutzstoff für die Haut gemacht. Es ist ein hoch wirksamer Radikalefänger, sorgt durch die Förderung der Durchblutung und der Zellatmung für ein jugendliches Hautbild und wirkt heilungsfördernd. Besonders reichlich ist es enthalten in:
Getreide Vollkornprodukte, Naturreis
Nüsse und Samen Mandeln, Walnüsse, kaltgepresste Keimöle
Tierische Produkte Eier, Milch

Unentbehrlich – Mineralstoffe

Festes Bindegewebe durch Kalzium

Jeder weiß, wie wichtig der Mineralstoff Kalzium für gesunde Knochen und Zähne ist. Darüber hinaus sorgt Kalzium aber auch für den Aufbau der kollagenen Fasern des Bindegewebes und so für eine straffe Haut. Reichliche Portionen Kalzium führen Sie sich mit folgenden Nahrungsmitteln zu:
Milchprodukte Milch, Joghurt, Quark, Kefir, Buttermilch, Käse
Gemüse Blattsalate, Brokkoli

Aktiviert Enzyme – Magnesium

Der Mineralstoff Magnesium unterstützt die B-Vitamine, aktiviert die für die Zellteilung verantwortlichen Enzyme und hilft bei der Reparatur von Zellschäden. Außerdem erfüllt er wichtige Aufgaben für das reibungslose Funktionieren von Muskeln und Nerven. Eine ausreichende Magnesiumzufuhr sichern Sie mit:
Getreide Vollkornprodukte, Naturreis
Gemüse Hülsenfrüchte, Grünkohl, Spinat
Nüsse und Samen Cashewkerne, Sesam, Mandeln

Ein Magnesiummangel kann sich auch durch häufige Wadenkrämpfe äußern. Besonders wenn Sie viel Sport treiben, müssen Sie auf eine ausreichende Zufuhr des Mineralstoffs achten.

Fitkost für den Teint

Milchprodukte gehören zu einer gesunden und ausgewogenen Ernährung dazu.

Die wichtigsten Spurenelemente

Spurenelemente braucht unser Organismus nur in winzigen Mengen. Die Folgen einer Unterversorgung können aber gravierend sein. Für die Schönheit und die Gesundheit der Haut sind besonders wichtig:
- Eisen – bindet den Sauerstoff im Blutkreislauf, der dann zu jeder einzelnen Zelle transportiert wird. Eine Unterversorgung macht sich durch Blässe, spröde Haut und allgemeine Mattigkeit bemerkbar. Eisen ist enthalten in rotem Fleisch, Hülsenfrüchten und Vollkornprodukten. Pflanzliches Eisen ist für den Körper schlechter verwertbar als tierisches.
- Selen – wirkt gegen freie Radikale und hält Haare und Nägel gesund. Naturreis, Seefisch und Schweinefleisch enthalten Selen.
- Zink – unterstützt die Wirkung von Vitamin A und hält die Haut geschmeidig. Es fördert die Regeneration der Hautzellen und lässt Haare und Fingernägel schneller wachsen. Es ist enthalten in Blattsalaten, Brokkoli, Linsen, Rindfleisch und Nüssen.

Während einer Schwangerschaft braucht der Organismus besonders viel Eisen. Frauen haben überhaupt einen höheren Eisenbedarf, weil sie durch die Menstruation allmonatlich viel von dem Spurenelement verlieren.

Dreißig Jahre später

Sie sehen mich auf dem unteren Foto der rechten Seite: Ganz natürlich, ohne Make-up und ohne Retuschen wurde ich hier abgelichtet. Sie können sich meine Überraschung vorstellen, als ich mein Fotoalbum geöffnet habe und auf eine Aufnahme stieß, die im Jahr 1964 gemacht wurde. Hier war der Beweis, er lag vor. Auf dem Foto bin ich 30 Jahre jünger. Die Mühen hatten sich gelohnt. Es gab kaum einen Unterschied zwischen den Fotos.

Versuchen auch Sie sich Ihre Freude vorzustellen, wenn Sie bald Ihre Jugendfotos mit denen vergleichen werden, die Sie nach Ihrer ersten Zehn-Wochen-Trainingsphase Self-Lifting aufgenommen haben! Sie werden die augenfällige Wirkung Ihrer eigenen Anstrengungen feststellen können. Sie werden nicht nur Ihr jugendliches Aussehen wiedererlangt haben, sondern auch vor Energie und Vitalität strotzen. Sie werden wieder verführerisch wirken und Komplimente bekommen. Die Fotos werden Ihnen beweisen, dass Self-Lifting Ihr persönlicher Jungbrunnen ist.

Die Prüfer der Zeitschrift TEST sind sich in der überzeugenden Wirkung mit uns einig. Die Stiftung Warentest bestätigt, dass sich die Übungen, wie sie bei der Self-Lifting-Methode vorgeschlagen werden, außerordentlich überzeugend auf die Gewebestruktur auswirken. Die Self-Lifting-Methode lässt uns jünger aussehen (vgl. Heft 6/94).

> Wenn Sie es ganz genau wissen wollen: Machen Sie Ihre eigenen »vorher/nachher«-Fotos, um nach etwa einem Jahr regelmäßigem Training Ihre Erfolge zu kontrollieren. Es sollte sich dabei um gut belichtete Porträtaufnahmen handeln, bei denen Sie auf Make-up verzichten.

Es ist nie zu früh und nie zu spät

Ich habe mich natürlich sehr gefreut, als einige junge Mädchen, die gerade 20 Jahre alt waren, von mir wissen wollten, was ich denn gemacht habe, um so viel jünger auszusehen. Ich habe ihnen von meiner Methode erzählt, und seitdem machen sie selbst regelmäßig

Nur nicht resignieren

Self-Lifting. Manche von ihnen haben mir gestanden, dass dieses System der Schönheit ihnen enorm viel Selbstbewusstsein gibt, weil sie sich so nicht mehr vor dem Altern zu fürchten brauchen.

Sie haben recht, der Alterungsprozess wird mit Self-Lifting wirksam aufgehalten. Self-Lifting hilft gerade jungen Menschen, ein straffes Gesicht und eine strahlend junge Haut zu bewahren. In der Langzeitwirkung ist es sehr bewährt.

Es gibt also überhaupt keinen Grund zur Resignation, wenn Sie schon lange nicht mehr 20 sind. Self-Lifting ist die probate Lösung für alle: Es macht Ihnen den Weg frei zu attraktivem Aussehen. Deswegen scheue ich mich nicht, es nochmals zu wiederholen, dass es nie zu früh und vor allem nie zu spät ist, um mit Self-Lifting zu beginnen.

Übrigens: Alle Self-Lifting-Übungen gibt es auch auf Video. Im Handel oder direkt bei Rainbow Distribution Services GmbH/Abt. Versand, Tel. 0 54 01/85 12 22, Fax 0 54 01/85 12 33.

Self-Lifting kann ein lebenslanger Fitmacher für Ihr Gesicht sein, wenn Sie es wirklich regelmäßig betreiben. Denken Sie daran: Sportler müssen ihre Muskeln ebenfalls in Maßen weiter trainieren, auch wenn es nicht mehr um Siege und Rekorde geht.

Sehen Sie mich an: Zwischen den beiden Bildern liegen 30 Jahre.

Die besten Tipps zur Entspannung

Die beste persönliche Entspannungsmethode ist die, die einen möglichst großen Kontrast zur alltäglichen Belastung bietet. Wer geistig und nervlich beansprucht ist, sollte körperlichen Ausgleich suchen; wer sich dagegen körperlich anstrengen muss, erholt sich mit meditativen Methoden am wirkungsvollsten.

Wenn man entspannt, ausgeglichen und glücklich ist, kann man sich meist auch selbst besser leiden. Das hat Auswirkungen auf unser Äußeres: Die Haut erscheint plötzlich glatter, die Augen strahlen, die Haare glänzen. Deshalb sind die folgenden Entspannungstipps eine ideale Ergänzung zu den Self-Lifting-Übungen.

Öfter mal abschalten

Tief durchatmen

Die meisten Menschen atmen zu flach, besonders in Stresssituationen. Dabei ist richtiges Atmen das einfachste und billigste Schönheitsrezept. Wenn man gleichmäßig und tief Luft holt, werden alle Organe und auch die Haut optimal ernährt. So geht's: Setzen Sie sich ganz entspannt mit leicht gegrätschten Beinen auf einen Stuhl. Versuchen Sie jetzt ganz tief einzuatmen – Sie sollten die Luft bis in den Bauch hinein spüren. Legen Sie dabei eine Hand auf den Bauch. Hebt und senkt er sich, dann atmen Sie richtig.

Viel Lachen

Ein echtes Lächeln oder Lachen ist wie Jogging fürs Gesicht. Außerdem bekommt der Stoffwechsel einen Kick, es werden vermehrt Glückshormone ausgeschüttet. Wenn Sie sich geärgert haben, sollten Sie sich eine Situation ins Gedächtnis rufen, bei der Sie einfach schmunzeln müssen.

Auch die Seele pflegen

Düfte schnuppern

Düfte können viel für die Psyche tun, weil sie das vegetative Nervensystem stimulieren. Sie erotisieren, regen an oder beruhigen. Beste Muntermacher: Eukalyptus, Minze, Bergamotte und Wacholderbeere. Beruhigend wirken Kamille, Ylang-Ylang, Lavendel und Rosenöl.

Anwendung von ätherischen Ölen

Es gibt zahlreiche Möglichkeiten, sich mit entspannenden und pflegenden Wohlgerüchen zu umgeben. Achten Sie beim Einkauf von ätherischen Ölen darauf, dass diese wirklich naturrein sind – auch synthetisch »nachgebaute« Düfte dürfen sich natürlich nennen. Ätherische Öle sind hoch konzentriert, sie dürfen nur äußerst sparsam verwendet werden. Auf keinen Fall gehören sie in Kinderhände.

- Duftlampe: Füllen Sie etwas Wasser in die Verdunsterschale der Lampe, und träufeln Sie etwa 5 Tropfen Ihres Lieblingsduftes oder einer Mischung hinein. Die aromatisierte Raumluft kann je nach verwendetem Öl die Konzentration fördern, eine entspannende Meditationsübung begleiten oder nach einem stressigen Tag beruhigen.
- Badezusatz: Besonders hautpflegend sind die ätherischen Öle von Rose, Geranium, Sandelholz und Ylang-Ylang. 10 Tropfen sind ausreichend für ein Vollbad. Sie werden mit einem Löffel Honig oder Sahne verrührt, damit sie sich besser im warmen Wasser verteilen. Vorsicht bei Zitrusölen – sie können empfindliche Haut reizen!
- Massageöl: Für ein Gesichtsöl versetzen Sie 100 Milliliter kaltgepresstes Mandel-, Avocado- oder Jojobaöl mit 3 bis 5 Tropfen Geranium- bzw. Rosenöl, oder nehmen Sie mein Hautfunktionsöl. Schütteln Sie die Mixtur gut durch, sie ist etwa ein Jahr verwendbar. Für ein Körperöl eignen sich auch gut als Zusatz Sandelholz-, Mandarinen- oder Rosmarinöl.
- Gesichtsdampfbad: Geben Sie 3 Tropfen Melissen-, Kamillen- oder Lavendelöl in eine Schüssel mit heißem Wasser, und lassen Sie die Dämpfe etwa 10 Minuten unter einem Handtuch auf die gereinigte Gesichtshaut einwirken.

Für einen erholsamen Schlaf gibt es auch Duftlampen, bei denen das aromatisierte Wasser durch die Wärme einer Glühbirne verdunstet. Bei diesen Geräten dürfen Sie im Gegensatz zu den mit einem Teelicht betriebenen in aller Seelenruhe einschlummern.

In 10 Wochen schöner werden

Checkliste

Verlieren Sie nicht die Geduld, weil Ihnen all die kleinen Muskelanspannungen zu »unsportlich« vorkommen und Sie sich nicht vorstellen können, dass so wenig so viel bringen soll. Ausdauer heißt die Devise, und Sie werden den Erfolg bald im Spiegel sehen!

- Machen Sie den Hauttyptest (siehe Seite 14), und stimmen Sie Ihre Gesichtspflege auf das Ergebnis ab.
- Überprüfen Sie Ihre Gewohnheiten: Sind Sie ein fanatischer Sonnenanbeter? Sorgen Sie für ausreichenden Hautschutz, und schränken Sie Ihren Nikotin- und Alkoholkonsum ein.
- Werfen Sie einen kritischen Blick in den Spiegel: Mit welchen Gesichtspartien sind Sie besonders unzufrieden, weil sie erschlafft, müde oder knittrig sind? Stellen Sie aus den Self-Lifting-Übungen Ihr persönliches Programm zusammen, wobei Sie sich für Ihre Problemzonen auf die Übungen mit fünf Sternen konzentrieren sollten.
- Besorgen Sie sich ein pflegendes Gesichtsöl, oder stellen Sie selbst eines zusammen (Rezepte siehe Seite 75 und 93). Oder tragen Sie mein Hautfunktionsöl sowohl für die Self-Lifting-Übungen als auch für die Gesichtsmassagen immer vorher dünn auf.
- Machen Sie in den ersten 10 Wochen jeden Tag etwa 15 Minuten lang konsequent Ihre Self-Lifting-Übungen; danach reicht es aus, wenn Sie 3-mal wöchentlich 5 Minuten lang üben.
- Gönnen Sie sich täglich eine entspannende Gesichtsmassage, am besten abends vor dem Zubettgehen. Wählen Sie auch hier die Übungen (siehe Seite 76ff.) mit den meisten Sternen für Ihre besonderen Problemzonen aus.
- Essen Sie reichlich frisches Obst und Gemüse, bevorzugen Sie Vollkorn- und Sauermilchprodukte. Reduzieren Sie Süßigkeiten, sehr fette Speisen und Fertiggerichte.

Über die Autorin

Camille Volaire, geboren 1945, ist verheiratet und hat einen Sohn. Bekannt durch ihre zahlreichen Arbeiten im Bereich Schönheitspflege und Kosmetik, entwickelte sie 1990 mit einem Sportmediziner die Methode des Self-Lifting, das in Frankreich sofort zu einem Bestseller wurde.

Bezugsquellennachweis

Meine Self-Lifting-Kosmetik und einen Gratis Trainingsplaner erhalten Sie unter folgender Anschrift:
Camille Volaire • PF 964 • 72250 Freudenstadt
Tel.: 0 74 41/47 53 Fax: 0 74 41/8 71 81

Literaturnachweis

Kolster, B./Ebelt-Paprotny, G./Hirsch, M.: Leitfaden Physiotherapie. Jungjohann Verlagsgesellschaft. Stuttgart 1994
Stiens, Rita: Naturkosmetik – das Praxisbuch. Südwest Verlag. München 1997
Wade, Jennifer: Personal Training. Kapitel Ernährung, Seite 142ff. Südwest Verlag. München 1996

Hinweis

Das vorliegende Buch ist sorgfältig erarbeitet worden. Dennoch erfolgen alle Angaben ohne Gewähr. Weder Autorin noch Verlag können für eventuelle Nachteile oder Schäden, die aus den im Buch gemachten praktischen Hinweisen resultieren, eine Haftung übernehmen.

Bildnachweis

Alle Motive stammen von Hans Seidenabel, München mit Ausnahme von: Südwest Verlag, München: 19, 89 (Karl Newedel); Tony Stone, München: Titel (Fond) (Stuart Westmorland)

Impressum

© 1998 Südwest Verlag GmbH
in der Verlagshaus Goethestraße
GmbH & Co. KG,
München
Alle Rechte vorbehalten
Nachdruck – auch auszugsweise
– nur mit Genehmigung des
Verlags.

Redaktion:
Silke Ehlers, Dr. Marion Onodi
Projektleitung:
Stephanie Wenzel
Bildredaktion:
Bettina Huber
Produktion:
Manfred Metzger
Umschlag und Layout:
Till Eiden, München
DTP:
satz & repro Heinrich Grieb,
München
Druck:
Weber-Offset, München
Bindung:
R. Oldenbourg, München
Printed in Germany

Gedruckt auf chlor- und
säurearmem Papier

ISBN 3-517- 07616-3

Register

Alter 4, 6, 26, 60
Alterungsprozess 5, 91
Antioxidanzien 13, 87
Atmen, richtiges 92
Ausdauer 5ff., 50, 94
Ausstrahlung 5, 42, 56, 60, 64
Bewegungsmangel 4
Bindegewebe 11ff., 21, 87ff.
Dermis (Lederhaut) 4, 11
Doppelkinn 34, 37ff.
Durchblutung 4, 12, 21, 48, 54, 74, 88
Entspannung 92ff.
Enzyme 13, 88
Epidermis (Oberhaut) 4, 7, 11
Erfolg 7, 9, 28, 38, 40, 94
Ernährung 9, 13, 19ff., 46, 86
Falten, Fältchen 4ff., 11ff., 40ff., 52, 56ff., 74ff., 82ff.
– Denkfalten 83
– Mimikfalten 79
– Nasolabialfalten 78
Fasern, kollagene 11, 88
Fett 14ff.
Feuchtigkeit 12, 14ff., 87
Freie Radikale 13, 20ff., 87ff.
Gesichtsoperation, chirurgische 4
Gesundheitsrisiko 9
Haut
– Hautalterung 13, 15
– Hautbräunung 20
– Hautpflege, innere und äußere 9
– Hautschutz 94
– Hauttyp 14, 17ff.
– Hautzellen 11, 20, 86ff.
– Lederhaut, → Dermis
– Oberhaut, → Epidermis
– Unterhaut, → Subkutis
Hormone 12
Hypotrophie 4
Kollagen 16, 87

Konturen 6, 30, 36ff., 46, 54ff., 77
Kopfhaltung 24, 26
Körperhaltung 23, 54
Kosmetik 6, 9
Krähenfüße 59ff.
Kreislauf 9
Make-up 18, 44, 68, 90
Massagen 74, 85
– Gesichts- 74, 86, 94
– Massageöl, s. Öle
Medizin 6
Melanozyten 11
Mimik 22, 28, 46, 70, 82ff.
Muskeln
– Augenmuskeln 9, 67ff.
– Gesichtsmuskeln 9, 22, 28ff., 32, 54ff., 70
– Halsmuskeln 22
– Kinnmuskeln 35ff., 61
– Muskelanspannung 8, 30
– Muskelkraft 8
– Muskelschwäche, s. Hypotrophie
– Muskelvolumen 8ff.
– Nackenmuskeln, verspannte 26
– Schläfenmuskeln 61
– Stirnmuskeln 71ff.
– Wangenmuskeln 53ff.
Muskulatur
– Hals- 4, 24ff., 62
– Lippen- 47ff.
– Unterkiefer- 30
Nährstoffe 7, 10ff., 87
Öle
– ätherische 93
– Massageöl 75, 93
Pauling, Prof. Dr. Linus 7
Profil 38, 40ff.
Programm 7ff., 40, 60, 94
Psyche 93
Radikalefänger 13, 88
Rauchen 20ff., 44
Regelmäßigkeit 9
Schlacken 11, 74

Schlaf, erholsamer 10, 93
Schönheit 7, 12, 32, 86ff.
Schönheitspflege 30
Schönheitsschlaf 12
Seele 10, 60, 93
Silikon 48
Spannkraft 4, 9, 24ff., 70, 86
Spiegel 6, 9ff., 22, 34ff., 51, 56, 60ff., 94
Stiftung Warentest 90
Stoffwechsel 10ff., 87, 92
Stress 4, 10, 18, 20ff.
– Dis-Stress 21
– Eu-Stress 21
Subkutis (Unterhaut) 11
Teint 11, 14, 21, 28, 74, 87ff.
TEST, Zeitschrift 90
Training 4, 7, 22, 36, 48ff., 90
Tränensäcke 6, 23, 58
T-Zone 17
Übungen
– isometrische 8, 9
– isotonische 8
Umwelteinflüsse 10, 13
Untersuchungen, sportwissenschaftliche 9
UV-Strahlung 20, 86
Video 91
Vitamine 13, 15ff., 20, 46, 86ff.
Wechseljahre 12
Wohlbefinden 10
Zeitaufwand 9
Zellen 11ff., 86, 89
– Basalzellschicht 11
– Fettzellen 11
– Hautzellen, s. Haut
– Hornzellen 11
– Pigmentzellen, → Melanozyten
– Zellerneuerung 86
– Zellkern 13
– Zellteilung 12